2021年度
江苏省基础教育信息化发展报告

江苏省电化教育馆　江苏省教育信息化中心
教育部教育信息化战略研究基地（华中）
编

东南大学出版社
SOUTHEAST UNIVERSITY PRESS
·南京·

图书在版编目(CIP)数据

2021年度江苏省基础教育信息化发展报告/江苏省电化教育馆，江苏省教育信息化中心，教育部教育信息化战略研究基地(华中)编. —南京：东南大学出版社，2022.8

ISBN 978-7-5766-0175-6

Ⅰ.①2… Ⅱ.①江… ②江… ③教… Ⅲ.①基础教育—信息化—研究报告—江苏—2021 Ⅳ.①G639.2-39

中国版本图书馆 CIP 数据核字(2022)第 126946 号

2021 年度江苏省基础教育信息化发展报告

编　　者	江苏省电化教育馆　江苏省教育信息化中心 教育部教育信息化战略研究基地(华中)
责任编辑	褚蔚
责任校对	张万莹　**封面设计**　王玥　**责任印制**　周荣虎
出版发行	东南大学出版社　**邮编**　210096　**电话**　025-83793330
经　　销	全国各地新华书店
印　　刷	徐州绪权印刷有限公司
开　　本	787 mm×1092 mm　1/16
印　　张	10
字　　数	196 千字
版　　次	2022 年 8 月第 1 版
印　　次	2022 年 8 月第 1 次印刷
书　　号	ISBN 978-7-5766-0175-6
定　　价	88.00 元

(本社图书若有印装质量问题，请直接与营销部联系。电话：025-83791830)

2021年度江苏省基础教育信息化发展报告
编委会

前言 / PREFACE

2021 年，江苏省教育信息化工作坚持以习近平新时代中国特色社会主义思想为指导，紧扣高质量教育体系和现代化教育强省建设目标，大力推进教育信息化建设取得新进展。全省教育信息化基础支撑环境日益优化，资源供给能力持续增强，融合应用水平不断深化，教育治理能力大幅提高，网络安全防线稳步加固，教育信息化发展水平全面提升，为江苏教育数字化转型和智能化升级奠定了坚实基础。

为全面了解全省各地 2021 年教育信息化建设情况，及时发现教育信息化建设过程中出现的新情况、新问题，找准教育信息化发展的瓶颈和着力点，统筹指导全省教育信息化工作，江苏省电化教育馆、江苏省教育信息化中心联合教育部教育信息化战略研究基地（华中），编写了《2021 年度江苏省基础教育信息化发展报告》。

本报告全面总结 2021 年我省教育信息化工作进展，同时聚焦发展过程中的突出问题，尝试界定江苏教育信息化所处的发展阶段。根据“十四五”时期江苏教育信息化发展战略，结合《江苏省“十四五”教育信息化发展专项规划》，参考国内外教育信息化发展评价研究成果，对基础设施、教育资源、教学应用、管理信息化、保障措施五个维度的发展指标进行重点分析和比较研究，对师生信息素养、教育网络安全以及智慧校园进行专项研究。报告全面反映江苏教育信息化的发展状况以及各地的区域特征，及时跟踪江苏省教育信息化相关规划目标的实施完成情况，客观记录江苏“十四五”时期教育信息化发展轨迹，为助推教育现代化进程，服务教育高质量发展提供数据支撑和理论支持。

目 录

CONTENTS

1. 基础教育信息化发展报告综述 …… 1
1.1 设区市综合指数比较 …… 2
1.2 基础设施维度发展指数 …… 4
1.3 教育资源维度发展指数 …… 5
1.4 教学应用维度发展指数 …… 7
1.5 管理信息化维度发展指数 …… 8
1.6 保障措施维度发展指数 …… 9

2. 基础教育信息化发展概况 …… 11
2.1 基础设施 …… 11
2.1.1 无线网络 …… 11
2.1.2 多媒体教室 …… 12
2.1.3 信息化终端 …… 15
2.2 教育资源 …… 16
2.2.1 校本资源 …… 17
2.2.2 数字教育资源 …… 17
2.2.3 人工智能课程 …… 20
2.3 教学应用 …… 22
2.3.1 信息技术教学应用 …… 22
2.3.2 网络学习空间应用 …… 25
2.3.3 教师信息化应用成果 …… 27
2.3.4 教学组织模式 …… 29

2.4 管理信息化 …… 29
2.4.1 信息化管理系统 …… 30
2.4.2 一卡通系统 …… 34
2.5 保障措施 …… 36
2.5.1 信息化经费投入 …… 37
2.5.2 信息化教师 …… 38
2.5.3 信息化培训 …… 39
2.5.4 信息化保障措施 …… 41
2.6 各设区市教育信息化对比 …… 42
2.6.1 教育信息化基础设施建设 …… 42
2.6.2 数字化教育资源 …… 49
2.6.3 管理信息化 …… 55
2.6.4 教育信息化保障措施 …… 57

3. 师生信息素养发展专项 …… 60
3.1 教师信息素养发展情况 …… 60
3.1.1 总体情况 …… 60
3.1.2 信息意识 …… 61
3.1.3 信息知识 …… 63
3.1.4 信息应用 …… 65
3.1.5 信息伦理和安全 …… 67
3.1.6 专业发展 …… 69
3.2 学生信息素养发展情况 …… 70
3.2.1 总体情况 …… 70
3.2.2 信息意识与认知 …… 71
3.2.3 信息知识与技能 …… 75
3.2.4 信息思维与行为 …… 78
3.2.5 信息社会责任 …… 81

4. 网络安全发展专项 …… 84
4.1 总体情况 …… 84
4.2 网络安全发展概况 …… 85
4.2.1 网络安全工作人员保障 …… 85
4.2.2 网络安全管理制度 …… 87
4.2.3 网络安全教育培训 …… 88
4.2.4 信息系统建设 …… 88
4.2.5 经费投入 …… 90
4.2.6 上网管理 …… 91
4.3 小结 …… 93

5. 智慧校园发展专项 …… 94
5.1 总体情况 …… 94
5.2 智慧校园发展概况 …… 97
5.2.1 智慧环境 …… 97
5.2.2 数字资源 …… 108
5.2.3 应用能力 …… 116
5.2.4 创新融合 …… 124
5.2.5 支撑保障 …… 134
5.2.6 特色发展 …… 138

6. 发展指数测算模型 …… 145
6.1 指标权重计算 …… 145
6.2 指数测算方法 …… 145

7. 分析与总结 …… 146

后 记 …… 148

1. 基础教育信息化发展报告综述

为建构“更高质量、更有效率、更加公平、更可持续、更为安全”的江苏智慧教育生态，加速推进智能时代江苏教育信息化发展，支撑引领现代化教育强省建设，实现智慧教育驱动下的高位引领发展和区域整体跨越发展，根据《教育信息化 2.0 行动计划》《关于推进教育新型基础设施建设构建高质量教育支撑体系的指导意见》《江苏教育现代化 2035》《江苏省“十四五”教育信息化发展专项规划》等文件要求，着眼于江苏省“十四五”教育信息化的新基础设施智能化、教育大资源服务集约化、智慧教育应用多元化、教育治理标准化、网络安全保障一体化的发展新样态，从基础设施、教育资源、教学应用、管理信息化、保障措施五个方面对江苏教育信息化进行评估。

教育信息化通过在教育领域引入计算机和网络信息等技术，来促进教育改革和教育现代化，对构建高质量教育支撑体系、加快教育现代化和建设教育强国具有重要意义。2021 年 12 月，中央网络安全和信息化委员会印发《“十四五”国家信息化规划》，为“十四五”教育信息化发展指明了方向。在基础设施方面，打造物理网络空间相融合的新校园，拓展校园空间，建设教育专网和“互联网＋教育”大平台，为教育高质量发展提供数字底座；在教育资源方面，依托国家数字教育资源公共服务体系，推动数字资源的供给侧结构性改革，创新供给模式，提高供给质量；在教学应用方面，利用技术赋能，开发教学、评价与研训等创新应用，促进信息技术、智能技术与教育教学深度融合；在管理信息化方面，以数据为驱动力，利用新一代信息技术提升教育管理数字化、网络化、智能化水平；在保障措施方面，培养造就高素质专业化创新型中小学教师队伍，网络安全支撑体系持续优化等。

1.1 设区市综合指数比较

本次调研范围覆盖江苏省 13 个设区市，针对调研结果，报告采用聚类分析的方法，将每个一级指标的指数得分分为四类，并用四种不同的颜色进行标注，处于同一类的设区市，表示它们在该类指标之间的发展水平没有显著差异。江苏省基础教育信息化发展指数聚类结果如表 1－1 所示。

表 1－1　江苏省教育信息化发展指数聚类结果

设区市	综合指数	基础设施	教育资源	教学应用	管理信息化	保障机制
南京市	53.51	51.61	52.36	57.24	53.15	52.13
镇江市	51.94	54.79	50.61	47.14	55.13	53.70
连云港市	51.84	54.12	51.90	47.51	55.76	51.12
苏州市	50.71	46.95	52.17	55.79	45.60	51.39
盐城市	50.35	51.10	49.64	52.65	48.31	49.50
南通市	49.94	51.88	48.30	50.72	49.29	49.54
常州市	49.88	50.40	48.26	50.36	50.41	50.04
无锡市	49.30	48.73	50.65	49.62	44.48	52.98
徐州市	49.17	48.54	49.47	48.33	51.37	48.23
泰州市	48.84	50.83	51.12	46.41	46.57	49.81
扬州市	48.68	44.23	52.94	47.28	46.64	52.18
淮安市	47.47	51.92	47.90	44.67	47.57	46.12
宿迁市	45.37	44.80	43.39	52.17	44.50	40.12
全省均值	49.77	49.99	49.90	49.99	49.14	49.76

备注：

第一类	第二类	第三类	第四类

在综合指数方面，南京、镇江、连云港三个设区市属于第一类发展水平，苏州、盐城、南通、常州、无锡、徐州、泰州、扬州八个设区市属于第二类发展水平，淮安市属于第三类发展水平，宿迁市属于第四类发展水平。在基础设施方面，镇江、连云港两个设区市属于第一类发展水平；在教育资源方面，南京、连云港、苏州、扬州四个设区市属于第一类发展水平；在教学应用方面，南京、苏州两个设区市属于第一

类发展水平；在管理信息化方面，镇江、连云港两个设区市属于第一类发展水平；在保障措施方面，南京、镇江、连云港、苏州、无锡、扬州六个设区市属于第一类发展水平。

江苏省教育信息化发展指数排名情况如表 1－2 所示。南京市综合指数最高，表明该市基础教育信息化发展综合水平最高；宿迁市综合指数最低，表明该市在全省范围内基础教育信息化发展综合水平最低。在基础设施和保障机制方面，镇江市发展水平最高；在教育资源方面，扬州市发展水平最高；在教学应用方面，南京市发展水平最高；在管理信息化方面，连云港市发展水平最高。

表 1－2　江苏省教育信息化发展综合指数排名

设区市	综合指数	基础设施	教育资源	教学应用	管理信息化	保障机制
南京市	1	5	2	1	3	4
镇江市	2	1	7	11	2	1
连云港市	3	2	4	9	1	6
苏州市	4	11	3	2	11	5
盐城市	5	6	8	3	7	10
南通市	6	4	10	5	6	9
常州市	7	8	11	6	5	7
无锡市	8	9	6	7	13	2
徐州市	9	10	9	8	4	11
泰州市	10	7	5	12	10	8
扬州市	11	13	1	10	9	3
淮安市	12	3	12	13	8	12
宿迁市	13	12	13	4	12	13

基于综合指数法测算结果，江苏省各设区市教育信息化发展综合指数如图 1－1 所示。南京、镇江、连云港、苏州、盐城、南通、常州七个设区市的综合指数在全省平均水平以上，无锡、徐州、泰州、扬州、淮安、宿迁六个设区市的综合指数在全省平均水平以下。

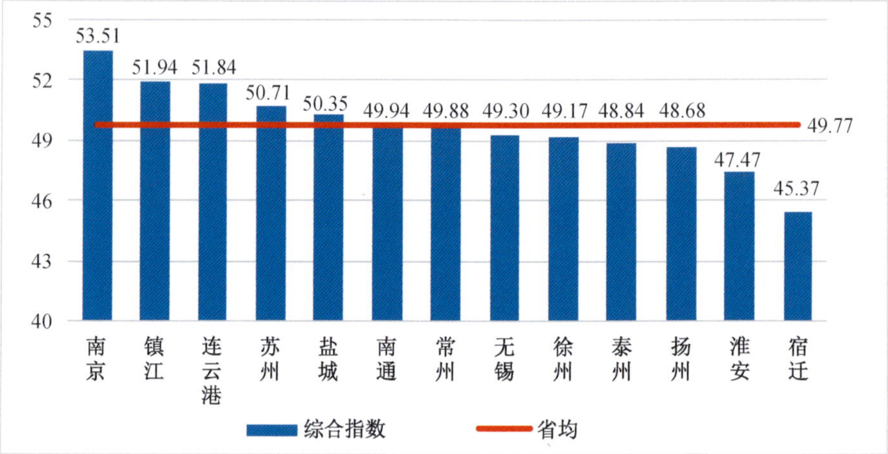

图 1-1　各设区市教育信息化发展综合指数

1.2 基础设施维度发展指数

江苏省各设区市基础设施发展指数情况如图 1-2 所示。镇江、连云港、淮安、南通、南京、盐城、泰州、常州八个设区市的基础设施发展水平位于全省平均水平以上，其中，镇江市的基础设施发展水平排名第一，指标得分为 54.79；连云港市的基础设施发展水平紧随其后，发展指数为 54.12；淮安市的基础设施发展水平排名第三，发展指数为 51.92。而无锡、徐州、苏州、宿迁和扬州五个设区市的基础设施发展水平低于全省平均水平，其中扬州市基础设施发展水平最低，指标得分为 44.23。

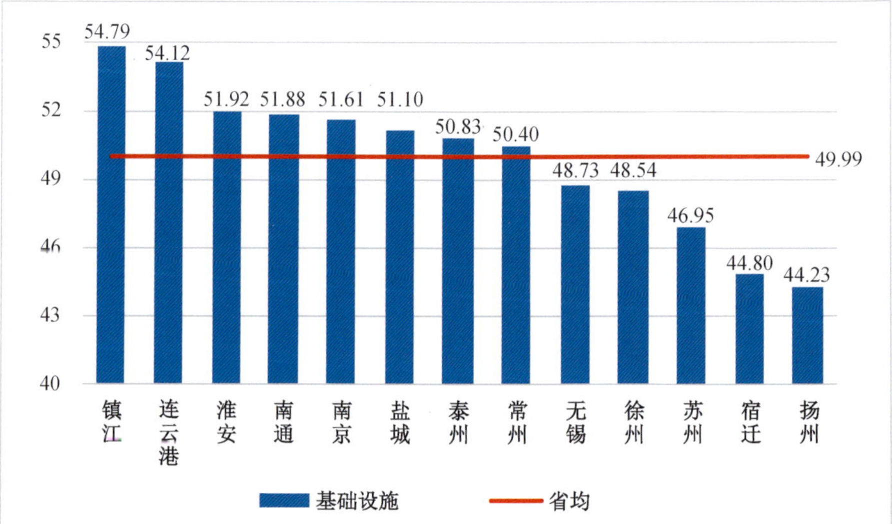

图 1-2　基础设施维度各设区市发展指数

表 1－3　基础设施维度发展指数

设区市	基础设施	实现所有多媒体教室全部联网的学校比例	每百名学生拥有学习用终端数量	每名教师拥有教学用终端数量	教师教学用信息化终端中移动终端的比例	出口带宽超过1 000 M学校比例	建有无线网络的学校比例	拥有创新实验室的学校比例	拥有交互式多媒体设备的教室占总教室数量比例
镇江市	54.79	1.00	15.80	1.32	0.29	1.00	0.94	0.92	0.96
连云港市	54.12	1.00	17.99	1.33	0.23	1.00	1.00	0.94	1.00
淮安市	51.92	0.83	16.66	1.08	0.33	0.87	0.93	0.73	0.89
南通市	51.88	0.92	14.02	1.03	0.30	0.95	0.96	0.76	0.97
南京市	51.61	0.98	15.78	1.34	0.21	1.00	0.99	0.89	0.86
盐城市	51.10	0.99	14.30	1.19	0.23	0.97	0.92	0.83	0.97
泰州市	50.83	0.95	15.34	1.34	0.24	0.98	0.74	0.78	0.88
常州市	50.40	0.91	12.56	1.00	0.29	1.00	0.93	0.79	0.81
无锡市	48.73	0.94	13.10	1.18	0.19	0.93	0.85	0.85	0.85
徐州市	48.54	0.90	13.00	1.07	0.21	1.00	0.89	0.74	0.91
苏州市	46.95	0.93	13.41	1.23	0.14	0.94	0.89	0.80	0.92
宿迁市	44.80	0.74	9.40	1.00	0.28	0.60	0.76	0.57	0.92
扬州市	44.23	0.84	12.97	0.97	0.15	0.48	0.83	0.87	0.93
全省均值	49.99	0.92	13.91	1.16	0.23	0.92	0.90	0.81	0.91

1.3 教育资源维度发展指数

江苏省各设区市教育资源发展指数情况如图 1－3 所示。扬州、南京、苏州、连云港、泰州、无锡、镇江七个设区市的教育资源发展水平位于全省平均水平之上，其中，扬州市的教育资源发展水平最高，指数为 52.94；南京市的教育资源发展水平紧随其后，发展指数为 52.36；苏州市的教育资源发展水平排名第三，发展指数为 52.17。而盐城、徐州、南通、常州、淮安和宿迁的教育资源发展水平位于全省平均水平之下，其中，宿迁市教育资源发展水平得分最低，指数为 43.39。

表 1－4　教育资源维度发展指数

设区市	教育资源	接入地市及以上级别教育资源公共服务平台的学校比例	开设有人工智能课程的学校比例	拥有校本资源库的学校比例	开通网络空间的学校比例	教师网络空间开通数量占教师总数的比例	学生网络空间开通数量占学生总数的比例	主干学科拥有与教材完整配套数字教学资源的学校比例	网络名师工作室综合得分	教育信息化优秀论文积分
扬州市	52.94	0.99	0.85	0.90	0.98	0.96	0.90	0.96	0.91	0.85
南京市	52.36	0.99	0.82	0.96	0.95	0.99	0.97	0.93	0.79	1.00
苏州市	52.17	0.98	0.78	0.85	0.94	0.97	0.95	0.94	0.93	0.85
连云港市	51.90	0.99	0.93	1.00	1.00	1.00	1.00	0.97	0.74	0.80
泰州市	51.12	0.98	0.73	0.91	0.94	0.98	0.94	0.95	0.92	0.75
无锡市	50.65	0.99	0.81	0.89	0.86	0.97	0.93	0.94	0.84	0.75
镇江市	50.61	0.99	0.89	0.99	0.94	0.99	0.98	0.95	0.74	0.70
盐城市	49.64	0.96	0.76	0.93	0.85	1.00	1.00	0.94	0.78	0.75
徐州市	49.47	0.99	0.72	0.91	0.81	0.96	0.93	0.93	0.86	0.70
南通市	48.30	0.99	0.71	0.92	0.82	0.97	0.95	0.95	0.78	0.65
常州市	48.26	0.98	0.71	0.93	0.87	0.98	0.94	0.94	0.70	0.75
淮安市	47.90	0.94	0.57	0.91	0.82	0.95	0.92	0.88	0.78	0.90
宿迁市	43.39	0.98	0.54	0.69	0.62	0.78	0.81	0.89	0.68	0.70
全省均值	49.90	0.98	0.77	0.91	0.87	0.96	0.94	0.94	0.80	0.78

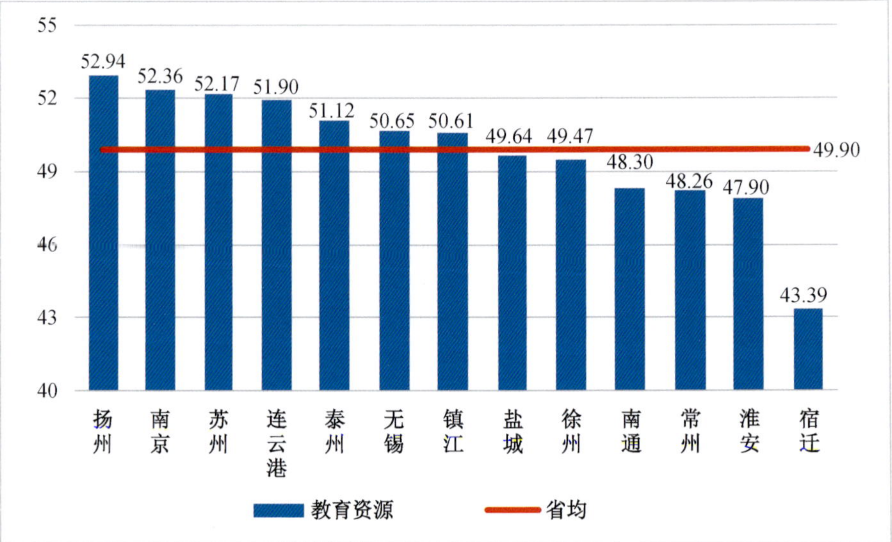

图 1－3　教育资源维度各设区市发展指数

1.4 教学应用维度发展指数

江苏省各设区市教学应用发展指数情况如图 1－4 所示。南京、苏州、盐城、宿迁、南通、常州六个设区市的教学应用发展水平高于全省平均水平，其中，南京市在这一维度上的发展指数最高，发展最好，指数为 57.24；苏州市的教学应用维度的发展水平仅次于南京市，发展指数排名第二，指数为 55.79；盐城市在这一维度上的发展指数排名第三，指数为 52.65，略低于南京市和苏州市。而无锡、徐州、连云港、扬州、镇江、泰州、淮安七个设区市的教学应用发展水平均低于全省平均水平，其中，淮安市教学应用发展水平最低，指数为 44.67。

表 1－5　教学应用维度发展指数

设区市	教学应用	学校网络空间实现常态化应用的学校比例	主干学科课堂教学实现信息技术常态化应用的学校比例	多媒体教室使用率在80%以上的学校比例	开展了“三个课堂”中“名师课堂”的学校比例	应用空间开展教学的教师占教师总数的比例	应用空间开展网络教研的教师占教师总数的比例	使用数字教育资源的班级教室数占总教室数的比例	以区域及以上教育资源平台作为获取数字教育资源主要途径的教师比例	在课堂教学环节经常使用数字教育资源的教师比例	空中课堂综合得分	教育信息化应用能力大赛积分
南京市	57.24	0.90	0.96	0.75	0.75	0.95	0.96	1.00	0.69	0.85	0.43	1.54
苏州市	55.79	0.91	0.96	0.70	0.76	0.91	0.92	0.97	0.72	0.87	0.43	1.33
盐城市	52.65	0.83	0.97	0.71	0.86	0.99	0.99	1.00	0.73	0.88	0.35	1.12
宿迁市	52.17	0.83	0.96	0.63	0.80	0.58	0.63	0.90	0.71	0.85	0.71	0.52
南通市	50.72	0.93	0.97	0.72	0.84	0.91	0.93	0.96	0.77	0.89	0.32	0.90
常州市	50.36	0.92	0.96	0.73	0.82	0.91	0.92	0.95	0.75	0.88	0.37	0.75
无锡市	49.62	0.92	0.97	0.85	0.84	0.87	0.90	0.95	0.71	0.88	0.23	1.05
徐州市	48.33	0.92	0.96	0.64	0.84	0.90	0.89	0.97	0.80	0.88	0.29	0.74
连云港市	47.51	0.98	0.97	0.90	0.96	1.00	1.00	1.00	0.85	0.94	0.17	0.78
扬州市	47.28	0.95	0.99	0.81	0.92	0.82	0.86	0.90	0.74	0.88	0.16	1.01
镇江市	47.14	0.95	0.98	0.84	0.88	0.98	0.98	0.98	0.74	0.90	0.16	0.87
泰州市	46.41	0.89	0.97	0.62	0.81	0.92	0.92	0.98	0.74	0.87	0.15	1.05
淮安市	44.67	0.81	0.95	0.62	0.77	0.85	0.87	0.93	0.75	0.86	0.18	0.80
全省均值	49.99	0.91	0.97	0.73	0.83	0.89	0.91	0.96	0.75	0.88	0.30	0.96

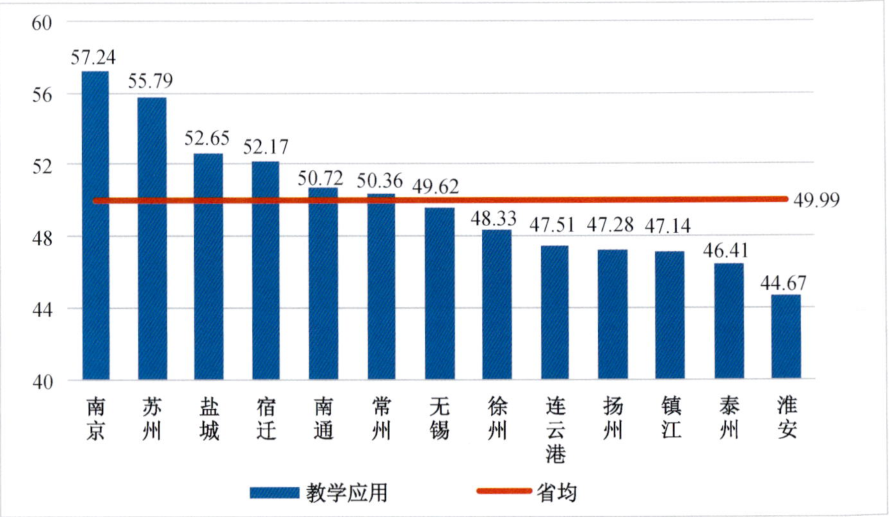

图 1－4　教学应用维度各设区市发展指数

1.5 管理信息化维度发展指数

江苏省各设区市管理信息化发展指数情况如图 1－5 所示。连云港、镇江、南京、徐州、常州、南通六个设区市的管理信息化发展水平位于全省平均水平之上，其中，连云港市管理信息化发展水平最高，指数 55.76；其次是镇江市，该维度指标得分为 55.13。盐城、淮安、扬州、泰州、苏州、宿迁、无锡七个设区市的管理信息化发展水平位于全省平均水平之下。

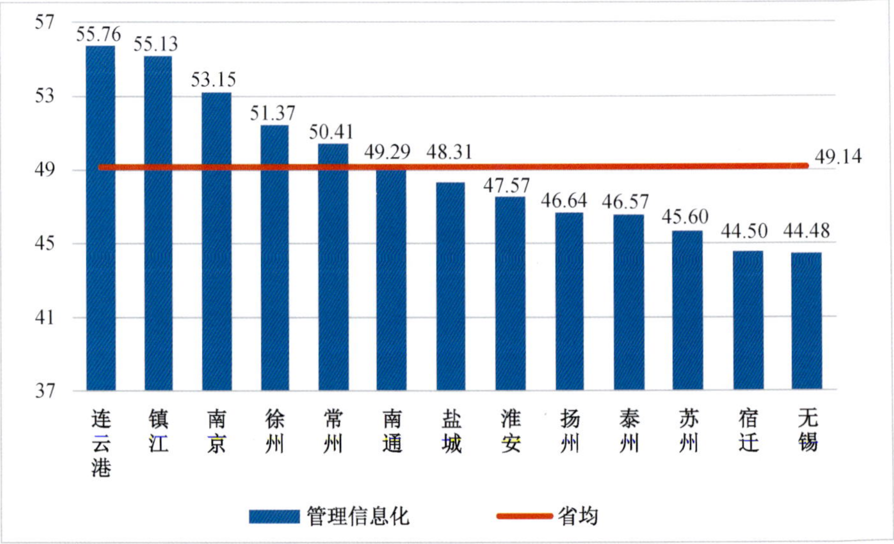

图 1－5　管理信息化维度各设区市发展指数

表 1－6　管理信息化维度发展指数

设区市	管理信息化	安全监控系统实现校园重点区全覆盖的学校比例	拥有一卡通的学校比例	学校资产管理信息系统拥有校舍、教育装备、经费财务管理功能的学校比例	全面实现教务管理信息化的学校比例	学校总务管理信息系统拥有人事、档案、后勤、考勤管理功能的学校比例	学校教师管理信息系统拥有档案、培训、职称管理功能的学校比例	学校学生管理信息系统拥有学籍、资助、健康管理功能的学校比例	智慧校园合格率
连云港市	55.76	0.81	0.83	0.57	0.35	0.47	0.67	0.76	0.76
镇江市	55.13	0.75	0.48	0.67	0.56	0.51	0.69	0.74	0.94
南京市	53.15	0.55	0.33	0.73	0.59	0.61	0.82	0.78	1.00
徐州市	51.37	0.61	0.31	0.60	0.57	0.57	0.73	0.86	0.91
常州市	50.41	0.59	0.33	0.60	0.43	0.43	0.73	0.66	0.95
南通市	49.29	0.62	0.32	0.51	0.34	0.37	0.74	0.80	0.90
盐城市	48.31	0.73	0.35	0.46	0.23	0.35	0.55	0.66	0.86
淮安市	47.57	0.59	0.31	0.57	0.47	0.46	0.65	0.80	0.77
扬州市	46.64	0.62	0.35	0.47	0.25	0.30	0.61	0.68	0.81
泰州市	46.57	0.58	0.26	0.54	0.32	0.39	0.63	0.73	0.86
苏州市	45.60	0.58	0.44	0.26	0.24	0.23	0.43	0.42	0.85
宿迁市	44.50	0.82	0.18	0.55	0.44	0.46	0.63	0.83	0.67
无锡市	44.48	0.58	0.25	0.49	0.38	0.35	0.61	0.57	0.79
全省均值	49.14	0.64	0.39	0.53	0.41	0.44	0.66	0.72	0.85

1.6 保障措施维度发展指数

江苏省各设区市保障措施发展指数情况，如图 1－6 示。镇江、无锡、扬州、南京、苏州、连云港、常州、泰州八个设区市的保障措施发展水平位于全省平均水平之上，其中，镇江市保障措施发展水平最高，指数 53.70；其次是无锡市，该维度指标得分为 52.98。南通、盐城、徐州、淮安、宿迁五个设区市的保障措施发展水平低于全省平均水平。

表 1－7　保障措施维度发展指数

设区市	保障机制	校级领导参加省级及以上信息化相关培训的学校比例	信息技术课程专任教师比例	构建教师教学信息技术常态化应用推进机制的学校比例	地市级及以上教育资源公共服务平台校均晒课节数	副校级及以上领导主管信息化建设的学校比例	教师“三个课堂”教学和教研任务纳入工作量计算的学校比例	“中小学教师信息技术应用能力提升工程 2.0”第一批次完成率	网络安全考核成绩
镇江市	53.70	0.73	0.71	0.90	54.96	0.94	0.39	0.97	99.10
无锡市	52.98	0.75	0.77	0.81	51.81	0.96	0.22	1.00	97.80
扬州市	52.18	0.74	0.54	0.86	55.20	0.89	0.44	0.95	100.60
南京市	52.13	0.57	0.77	0.78	31.63	0.94	0.20	0.94	104.50
苏州市	51.39	0.64	0.75	0.77	30.12	0.95	0.23	0.99	97.45
连云港市	51.12	0.83	0.41	0.95	51.81	0.82	0.75	0.97	94.80
常州市	50.04	0.79	0.70	0.85	19.80	0.96	0.24	0.99	90.60
泰州市	49.81	0.78	0.54	0.79	29.34	0.90	0.27	0.96	97.75
南通市	49.54	0.75	0.52	0.82	37.93	0.87	0.32	0.99	93.55
盐城市	49.50	0.71	0.50	0.79	23.65	0.93	0.33	0.93	99.10
徐州市	48.23	0.75	0.37	0.76	63.75	0.76	0.28	0.90	97.70
淮安市	46.12	0.71	0.50	0.65	21.16	0.87	0.22	0.98	85.80
宿迁市	40.12	0.75	0.44	0.71	32.56	0.90	0.17	0.97	52.00
全省均值	49.76	0.72	0.57	0.80	40.09	0.88	0.33	0.96	93.13

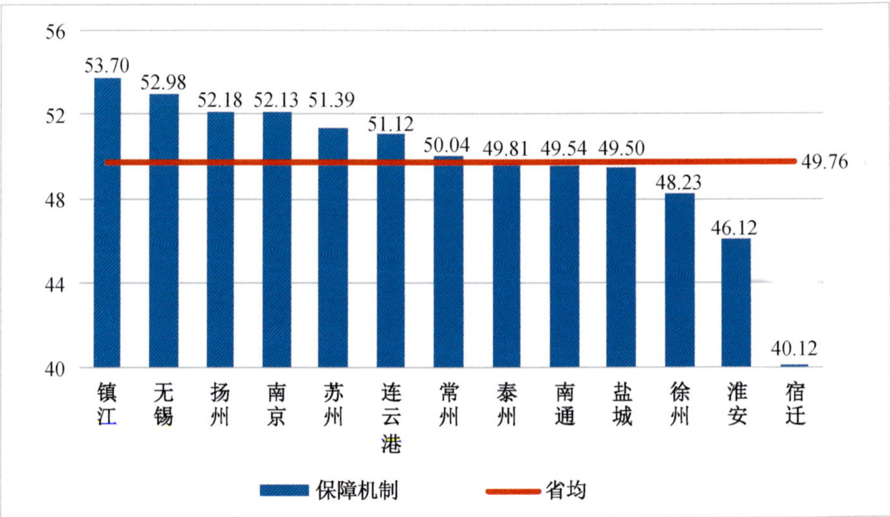

图 1－6　保障措施维度各设区市发展指数

2. 基础教育信息化发展概况

2.1 基础设施

信息化基础设施是信息化建设的重要基础和标志，是实现教育现代化的物质基础和首要条件。《江苏教育信息化 2.0 行动计划》指出：统筹建设教育专网，提升学校宽带接入水平及基础环境承载能力，构建网络化、数字化、智能化的智慧校园。在教育信息化建设过程中，需要从硬件、软件和应用三方面加强建设，并结合教师、学生和管理人员的实际需求，保障各项服务的安全性、稳定性及有用性，为更好地开展信息化基础设施建设奠定基础。

随着以人工智能、大数据、云计算为代表的新一代信息技术的快速发展，教育信息化发展只有加强各种新兴技术与教育深度融合和创新发展，才能保障教育信息化的顺利开展。信息化基础设施建设作为教育信息化发展的重要制约因素，其建设情况必须引起高度重视，因此，在此次调查中，结合江苏省基础设施建设现状以及发展目标，具体从无线网络、多媒体教室、信息化终端三个方面展开分析。

2.1.1 无线网络

无线网络是学校开展教育信息化工作的物质基础保障，可以为教学、科研、师生查阅信息及教学管理等营造一个良好的网络环境。江苏省中小学校无线网络覆盖情况，具体如图 2－1 所示。截至 2021 年底，全省有 98.34％的中小学校部署了无线网络，其中，全省 51.55％的中小学校实现了校内无线网络全覆盖，但仍有 1.66％的学校没有无线网络。

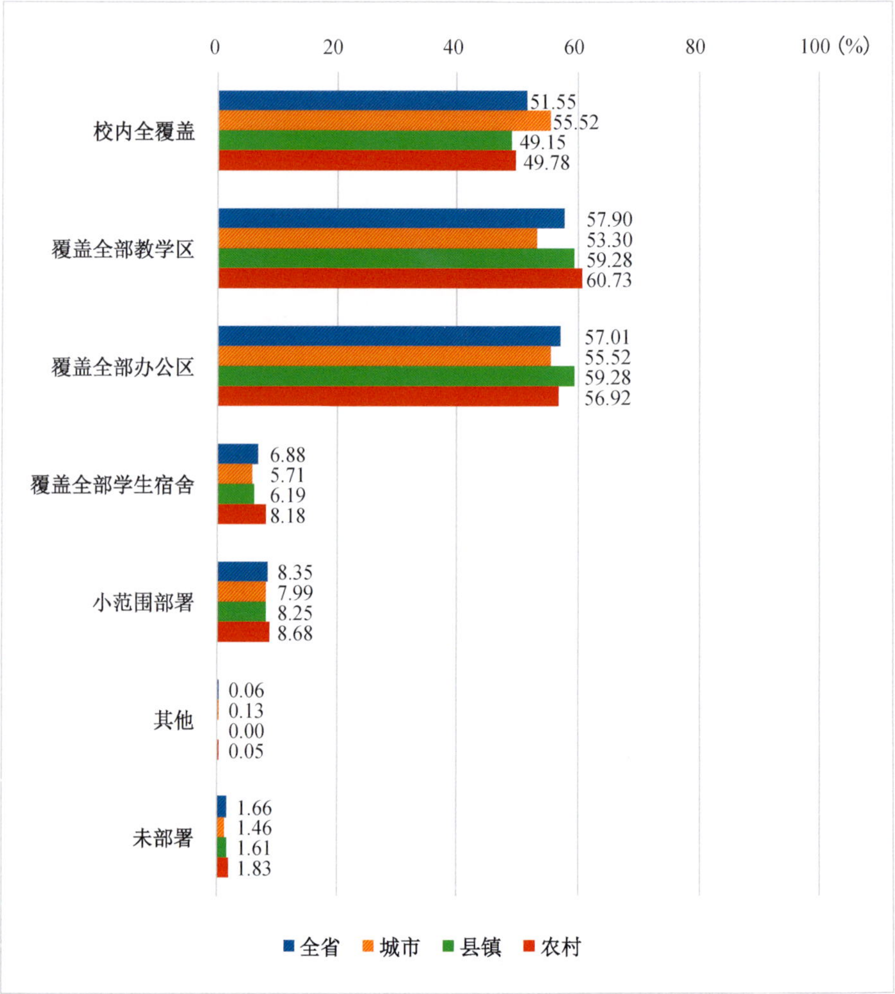

图 2-1　学校无线网络覆盖情况

2.1.2 多媒体教室

多媒体教室是学校在信息时代下开展教育教学的主要场所，有利于开展自主学习和协作学习，同时为信息化教学提供了必要的环境。截至2021年底，江苏省56.86%的学校班级中多媒体教室使用率达到90%以上，其中，城市有62.88%的学校多媒体教室平均使用率达到90%及以上，县镇有55.61%的学校多媒体教室平均使用率达到90%及以上，而农村也有52.85%的学校多媒体教室平均使用率达到90%及以上。江苏省中小学校班级教室中多媒体教室平均使用率具体情况如图2-2所示。

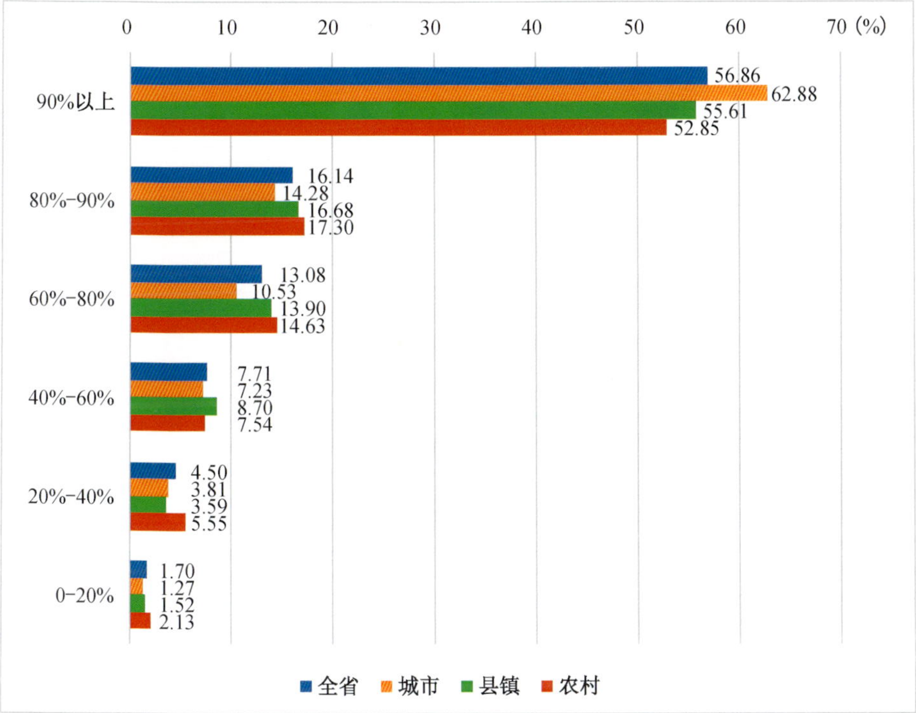

图 2-2　多媒体教室平均使用率

智能学习空间是学生开展自主学习和协作学习的活动场所，可提高学习方式的丰富性、多样性及趣味性，有助于培养符合信息时代会学习的创新型人才。截至 2021 年底，江苏省中小学校智能学习空间的平均数量为 9.40 间，其中，城市学校智能学习空间数量最高，为 12.31 间，其次是县镇学校，智能学习空间数量为 9.83 间，而农村学校的智能学习空间数量最低，为 6.88 间。江苏省中小学校智能学习空间数量具体情况如图 2-3 所示。

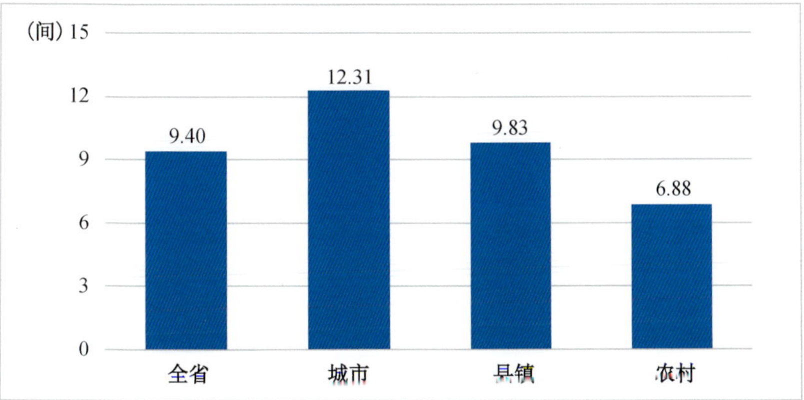

图 2-3　学校智能学习空间的数量

调研显示，江苏省中小学创建的创新实验室的主要类型有智慧教室、智慧图书馆、创客实验室、3D 打印室、机器人实验室、虚拟实验室、VR(虚拟现实)教室、AR(增强现实)教室等。截至 2021 年底，全省已有 63.25%的中小学创建了智慧教室，但仍有 18.76%的中小学校没有创建创新实验室。具体情况如图 2－4 所示。

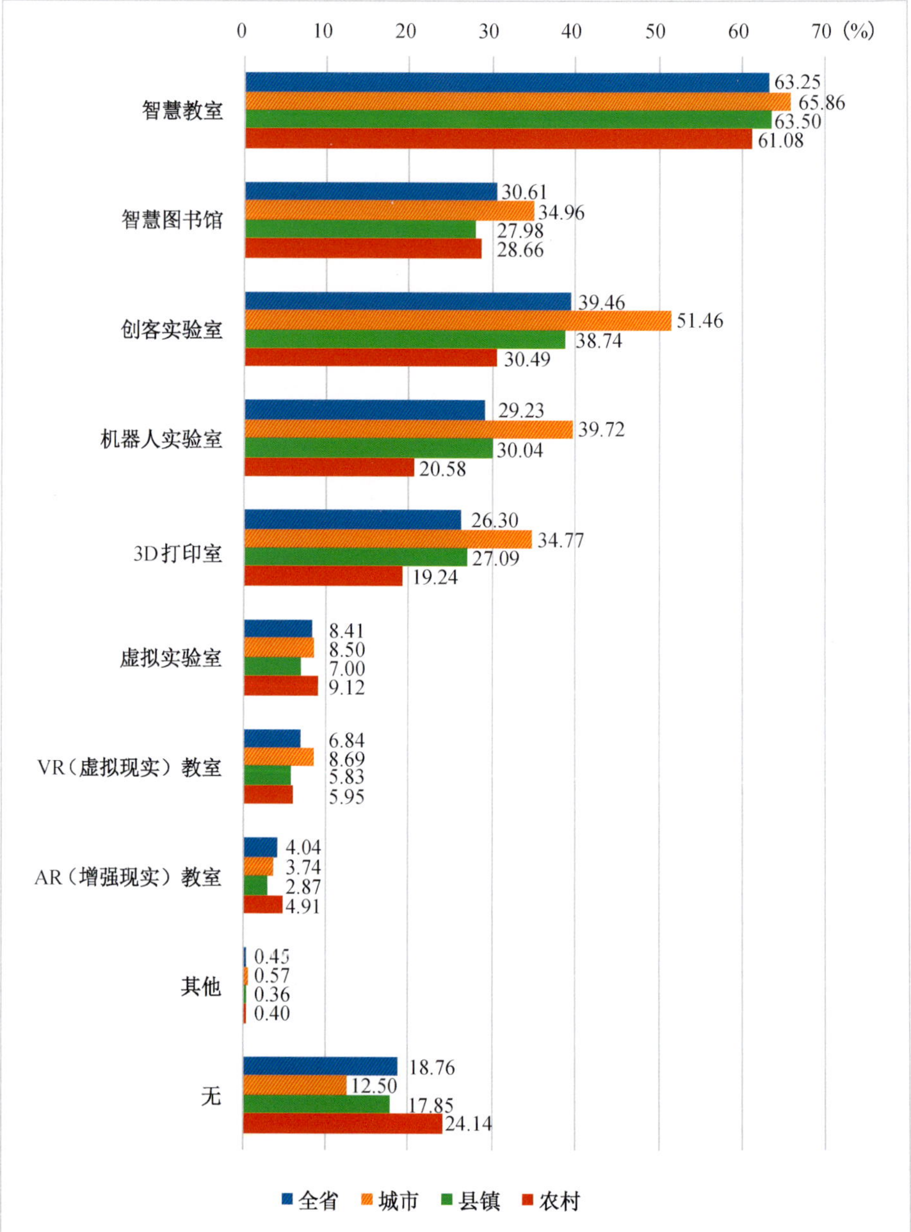

图 2－4　学校创新实验室的类型

2.1.3 信息化终端

信息化终端可以有效改善课堂教学，能够支持教师和学生应用信息技术进行教育教学。调研显示，江苏省中小学教师在校教学所用信息化终端设备主要来源包括学校统一配备、个人购买等渠道。其中，全省平均97.45%的教师在校教学用信息化终端来源于学校统一配备，个人购买的比例相对较低，为29.67%。具体情况如图2-5所示。

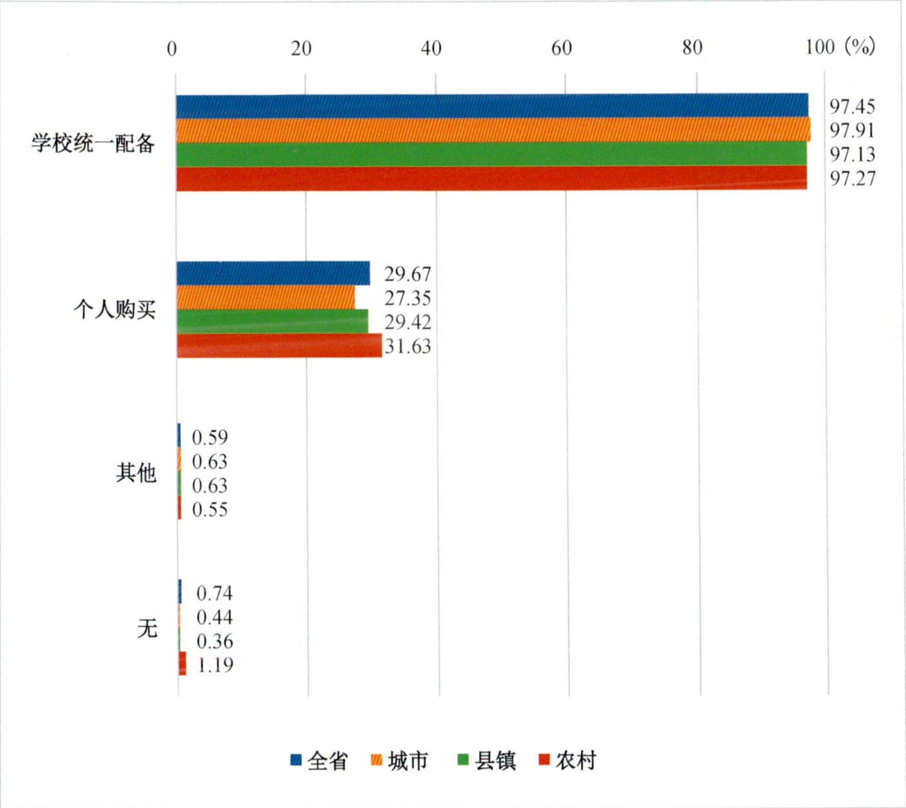

图2-5 教师在校教学用信息化终端设备主要来源的学校比例

目前，江苏省中小学学生在校学习所用信息化终端设备主要来源是学校统一配备，也有部分是个人购买。其中全省平均93.99%的学生在校学习用信息化终端来源于学校统一配备，11.32%的学生在校学习用信息化终端是来源于个人购买。具体情况如图2-6所示。

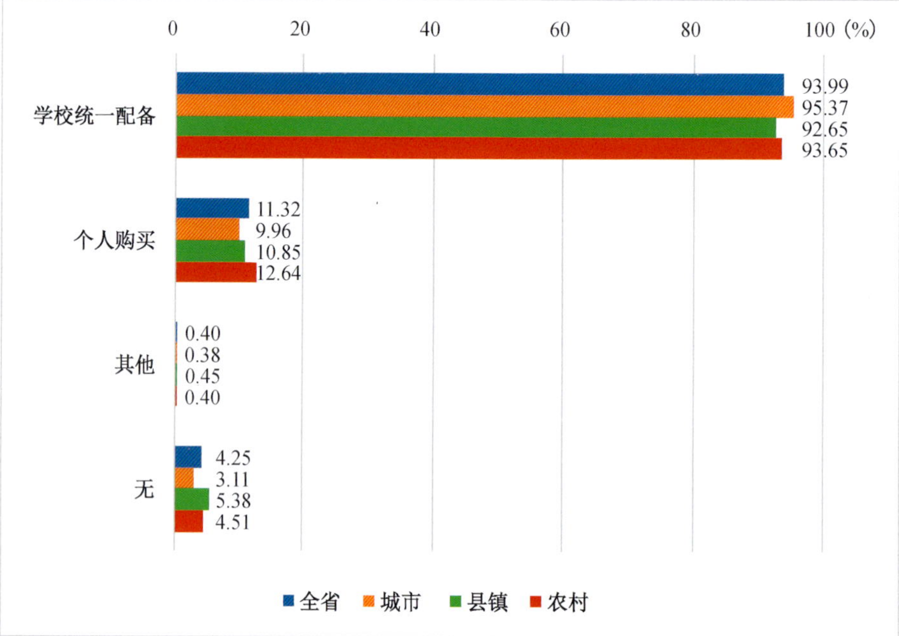

图 2－6　学生在校学习用信息化终端设备主要来源的学校比例

2.2 教育资源

随着教育信息化的发展，优质教育资源的共建共享是建设“人人皆学、处处能学、时时可学”的学习型社会的有效途径。教育部等五部门联合发布的《关于大力加强中小学线上教育教学资源建设与应用的意见》表明：开发高质量教学资源，扩大优质教育资源有效供给，是支撑我国“十四五”期间构建高质量基础教育体系、推动教育现代化进程的重要举措。在教育资源建设过程中，需要推动从教育专用资源向教育大资源转变，不断扩大优质教育资源覆盖面，优化教育资源建设平台，持续推动教育资源建设与发展。

优质教育资源在教育改革和创新中具有关键性作用，而开发高质量的教育资源、提升师生对教育资源的应用水平，已经成为教育信息化发展的迫切需要。因此，为保障教育信息化持续发展，需大力推进教育资源交流、汇集和共享，鼓励学校投身于教育资源共建共享的实践，打造全新的教育资源共享平台。在此次调查中，结合江苏省教育资源建设现状以及发展目标，具体从校本资源、数字教育资源、人工智能课程三个方面展开分析。

2.2.1 校本资源

校本资源的建设和开发是学校教学信息化的必然趋势，也是学校进行教学、科研的重要支撑。截至 2021 年底，全省平均有 85.71％的学校建设校本资源库。其中，城市学校占比为 90.93％，县镇学校占比为 85.02％，农村学校占比为 82.00％。校本资源库建设模式主要有三种：购买服务、自主研发以及委托研发。全省校本资源库建设中，选择直接购买校本资源库的中小学占比为 56.92％，其中，城市学校和县镇学校选择直接购买校本资源库的比例均高于全省水平，分别为 59.71％和 58.30％，而农村学校选择直接购买校本资源库的比例偏低，为 53.99％。另外，自主研发的中小学校占比为 51.15％，委托研发的中小学校占比为 25.62％。具体如图 2－7 所示。

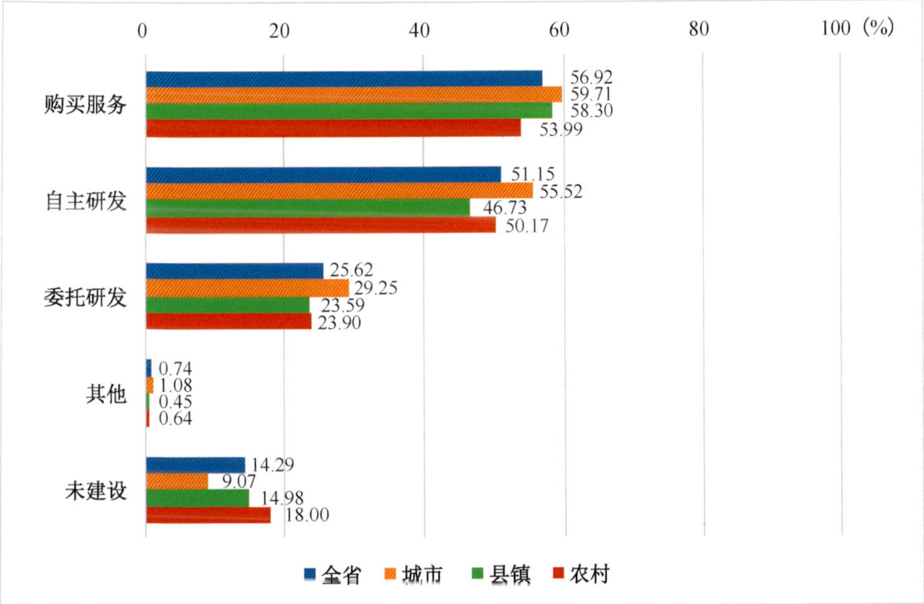

图 2－7　学校校本资源库建设模式

2.2.2 数字教育资源

随着人工智能、大数据和云计算等新一代信息技术的快速发展及在教育教学中的广泛应用，数字化教学资源建设在教育改革和创新中越来越重要。配套的数字教学资源是从事各级各类教学活动的前提和保障，是衡量学校信息化发展水平的重要标尺。截至 2021 年底，学校所有课程中拥有与教材完整配套数字教学资源的课程主要是语文、数学、英语、音乐、信息技术、美术，具体情况如图 2－8 所示。其中，语文、数学、英语三科拥有与教材完整配套数字教学资源的比例相对较高，占比均在 95％以上；其次是信息技术、音乐、美术，占比都在 85％以上；而通用技术、历史与社会和思想品德课程拥有配套数字教学资源的比例相对较低，占比都不足 15％。

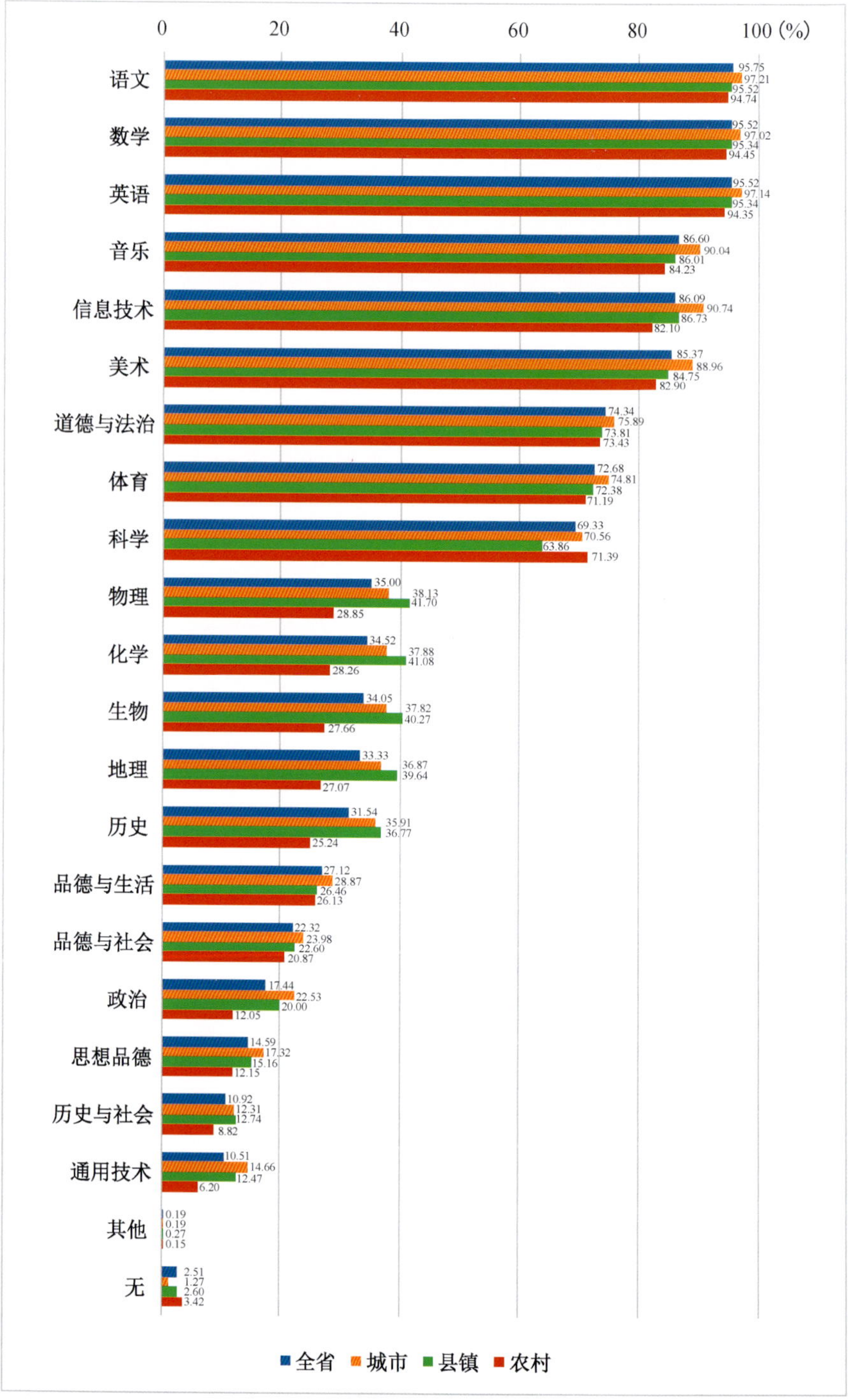

图 2－8　学校拥有与教材完整配套数字教育资源的学科

根据调研数据显示，江苏省各地教师获取的数字资源主要包括在线开放、公开的数字资源，学校购买、引进的数字资源，学校自主研发的数字资源，学校与企业合作研发的数字资源等。其中，江苏省教师获取在线开放、公开的数字资源的比例最高，达到 63.68%；获取学校购买、引进的数字资源次之，占比为 60.17%；获取学校与企业合作研发的数字资源占比最低，为 10.77%。具体情况如图 2-9 所示。

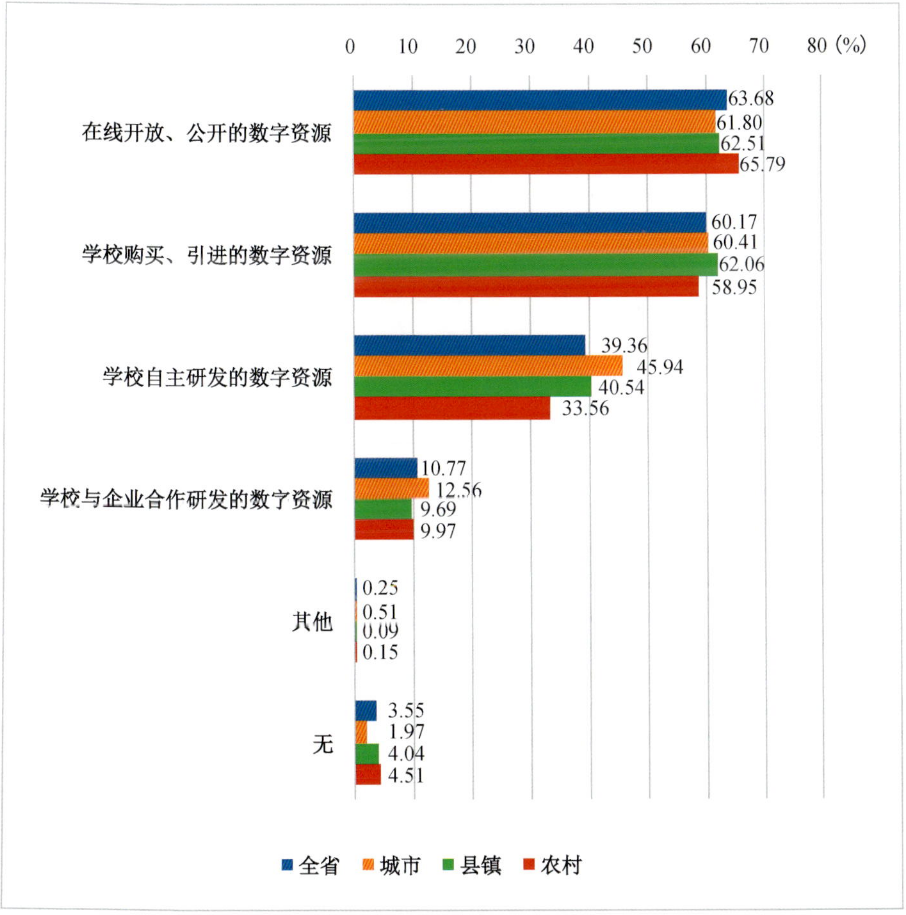

图 2-9 数字资源的主要来源比例

2.2.3 人工智能课程

人工智能是研究、开发用于模拟、延伸和扩展人的智能的理论、方法及技术的一门新的技术科学。人工智能课程的设置对于推动人工智能领域学科建设及教育现代化进程具有重要意义。截至 2021 年底，全省人工智能课程开课形式主要包括：拓展课/社团、选修课和必修课等。其中，拓展课/社团占比最高，全省平均占比为 70.14%，城市学校占比为 77.16%，县镇学校占比为 72.38%，农村学校占比为 63.41%；全省仍有 23.15%的学校没有开设人工智能课程。具体情况如图 2－10 所示。

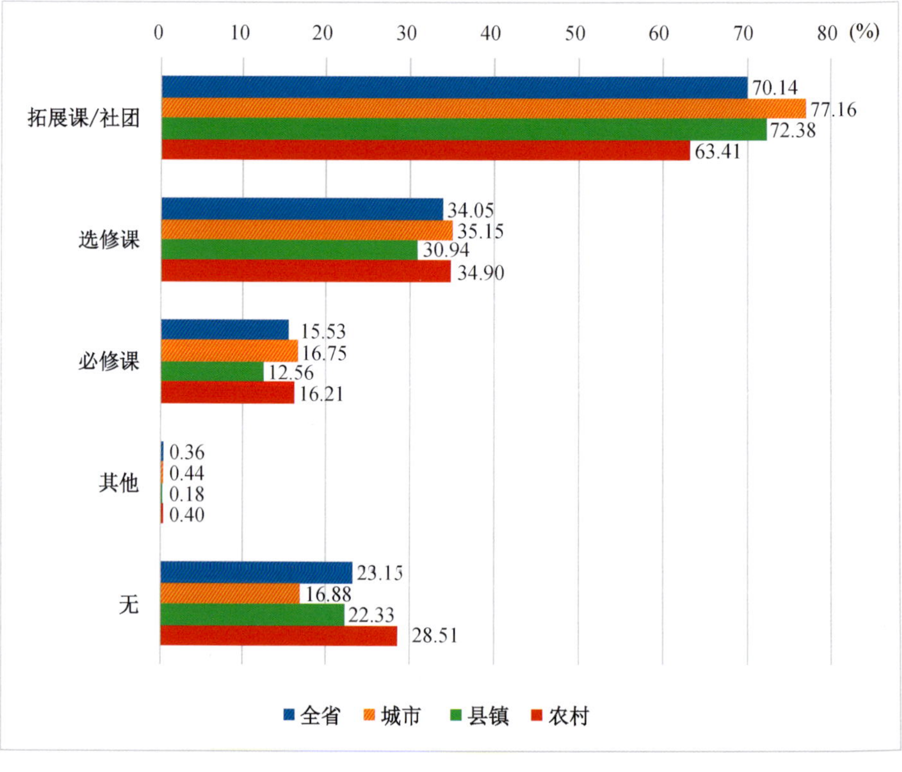

图 2－10　学校人工智能课程开课的形式比例

调研显示，江苏省学校开设人工智能课程的课程资源来源包括在线开放资源、学校购入、区域教育云平台、学校自主研发等渠道。其中，全省平均57.09%的人工智能课程的课程资源来源于在线开放资源；学校自主研发的比例相对较低，为24.83%。此外，全省仍有22.92%的学校尚未使用上述渠道获取人工智能课程的课程资源。具体情况如图 2－11 所示。

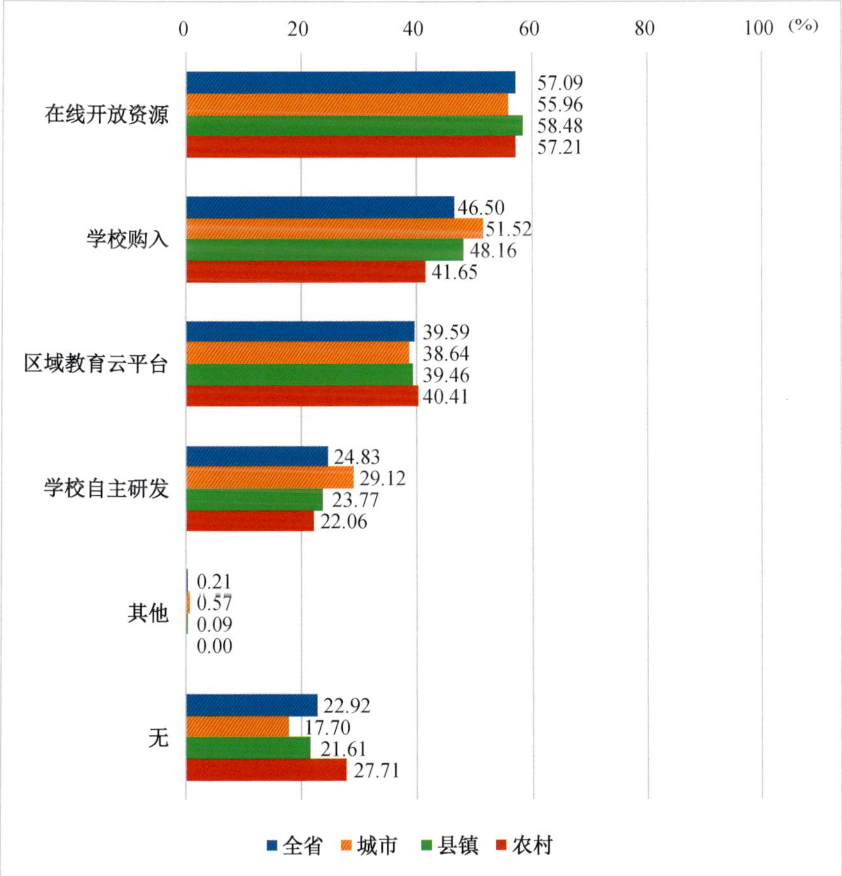

图 2－11　学校开设人工智能课程的课程资源来源比例

2.3 教学应用

在教育信息化 2.0 时代，掌握信息技术并能够合理应用于教学中，是信息时代开展教育教学的基本要求，同时教学应用能力是高效应用信息技术开展教育教学活动的前提。《江苏教育信息化 2.0 行动计划》指出：加强网络学习空间普及应用，指导师生、管理者、家长应用技术开展教育教学活动尤为重要。在教育信息化发展过程中，需要切实提高信息化建设和应用水平，大力加强教育信息化技术支撑队伍建设，提高教师、学生及管理人员的信息技术应用能力，鼓励全校人员投身科研，探索推进信息化教学应用的长效机制，实现教育信息化的均衡发展。

信息技术与教育教学、科学研究、管理服务的深度融合，不仅能够转变师生教与学的方式，实现个性化和差异化的精准教学，还可以培养社会发展所需的创新型人才，推动教育教学不断革新发展。在此次调查中，结合江苏省教学应用建设现状以及发展目标，具体从信息技术教学应用、网络学习空间应用、教师信息化应用成果及教学组织模式四部分展开分析。

2.3.1 信息技术教学应用

实现信息技术与课程的深度融合是我国教育信息化发展的必然要求。信息技术与教学、科研、管理的深度融合不仅可以推动教育变革与创新，还能够实现精准化教学，同时也是基础教育改革的趋势与潮流。调研数据显示，语文、数学、英语、美术、音乐、信息技术、道德与法治、科学、体育这九个学科使用信息技术辅助课堂教学实现常态化应用的比例相对较高，省均占比都在 60%以上，其中语文、数学和英语三门学科的比例达到了 97%以上，美术、音乐和信息技术达到 85%以上。具体情况如图 2－12 所示。

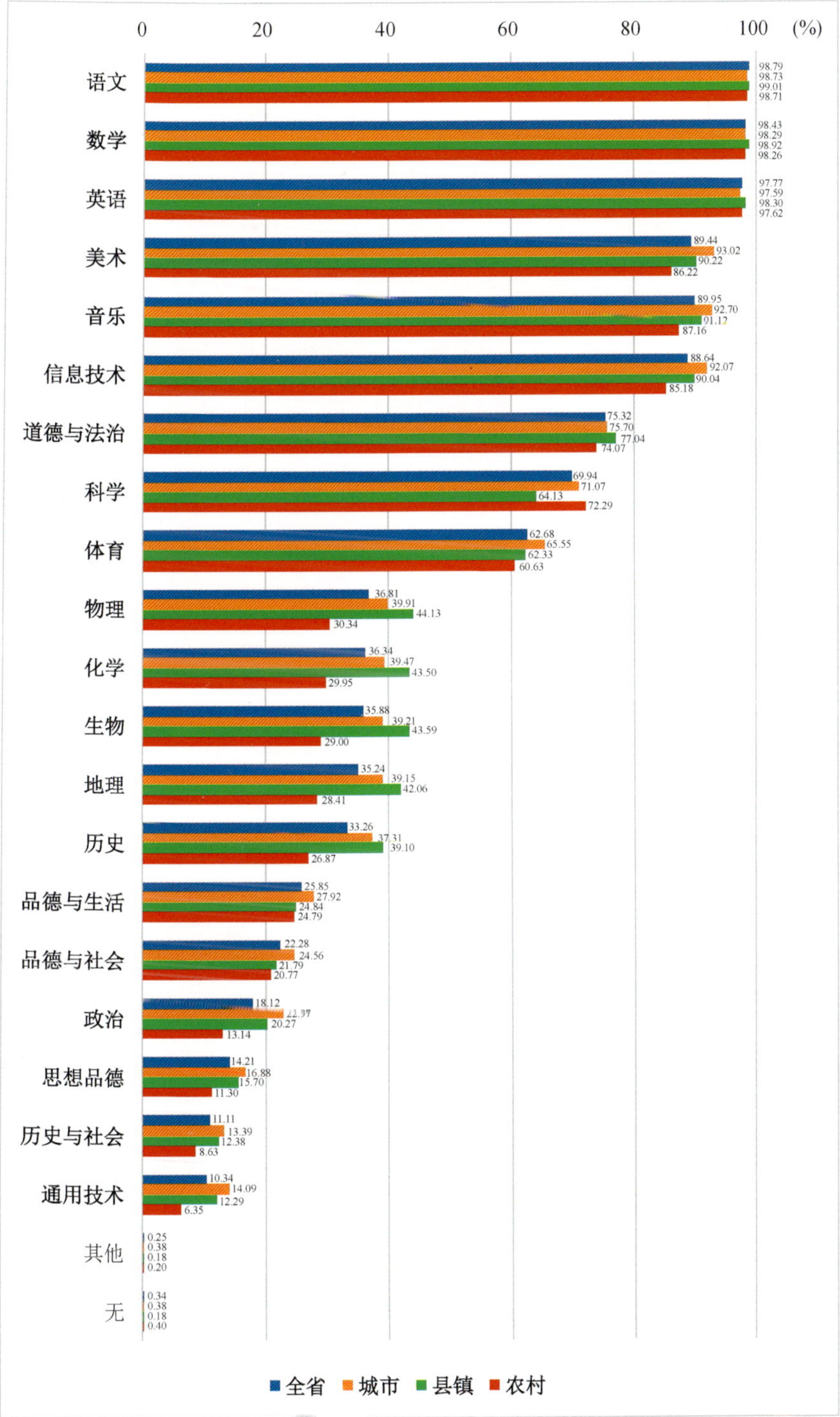

图 2－12　学校利用信息技术辅助课堂教学、实现常态化应用的学科

根据调研结果显示，全省学校能够利用信息技术开展教学的学科教师占比为92.65%，城市和县镇的学校能够利用信息技术开展教学的学科教师比例高于全省平均水平，分别为94.73%和92.10%，而农村学校能够利用信息技术开展教学的学科教师比例略低，为91.33%。具体情况如图2-13所示。

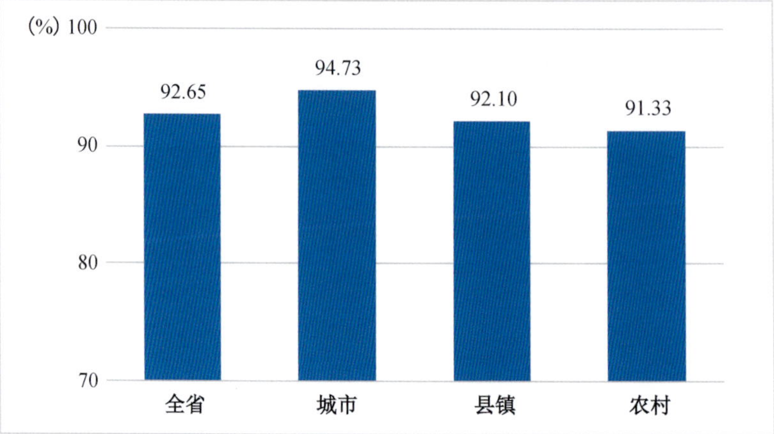

图2-13　学校能够利用信息技术开展教学的学科教师占比

截至2021年底，全省学校开展的“三个课堂”应用主要以名师课堂为主，其中名师课堂占比为83.22%，名校网络课堂占比为65.12%，专递课堂占比为49.09%。具体情况如图2-14所示。

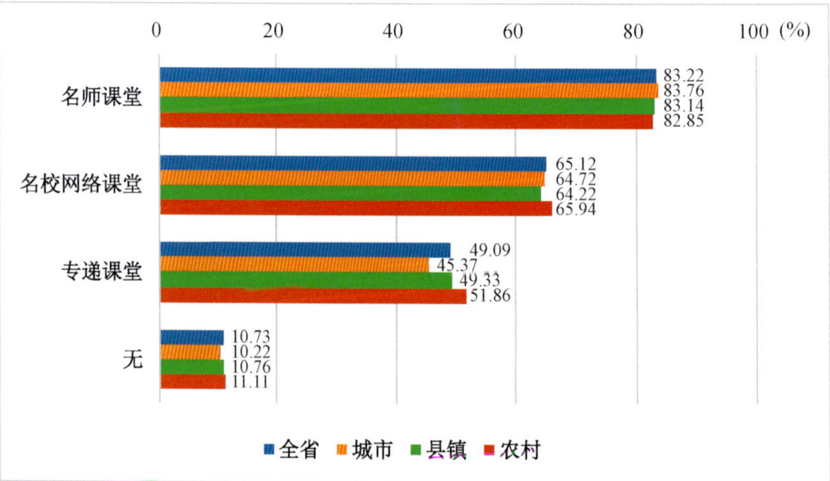

图2-14　学校开展的“三个课堂”应用比例

目前，江苏省学校开展“三个课堂”教学的应用模式包括直播式、录播式、植入式、观摩式等方式。其中学校开展“三个课堂”教学的应用模式中观摩式占比最高，为74.62%；录播式次之，为73.83%；植入式占比相对较低，为21.90%；另外，仍有10.17%的学校尚未应用以上模式开展“三个课堂”教学。具体情况如图2－15所示。

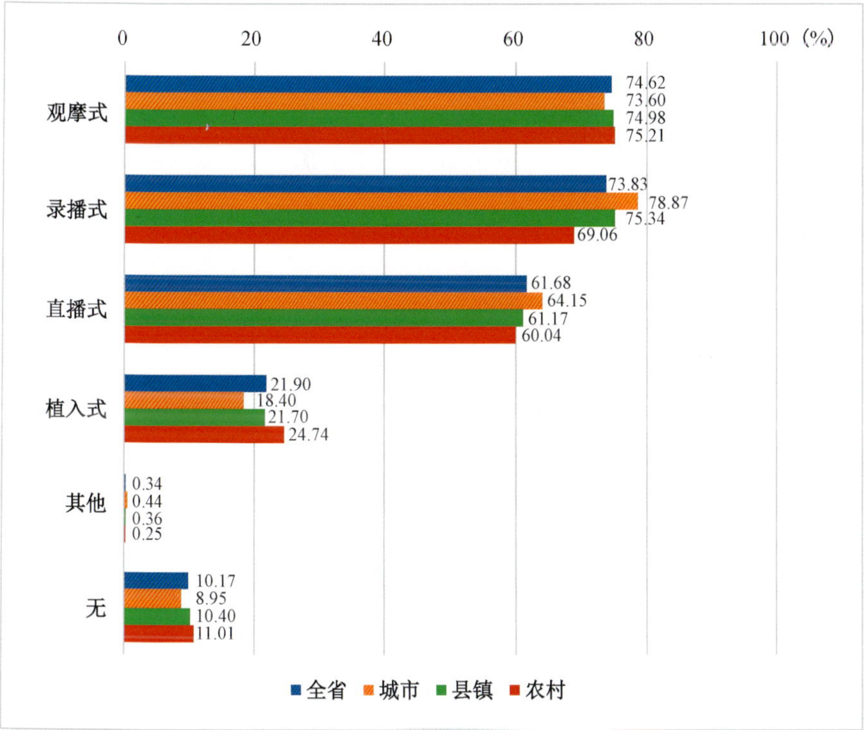

图2－15　学校开展“三个课堂”教学的应用模式占比

2.3.2 网络学习空间应用

网络学习空间能够有效支持在线教学，在为学生创建自主探索、合作学习等学习环境，转变师生教学方式，变革和创新教育教学模式等方面具有重要的作用。调研数据显示，江苏省中小学教师常用的云平台功能包括数字资源共享、学籍管理、教师教学应用分析、家校互动，使用率均高于70%。相对而言，学情分析和学情预警、师生数字档案建立、学生成长报告生成、学生学习行为记录、居家学习资源供给功能的比例相对较低，均在50%以下。具体情况如图2－16所示。

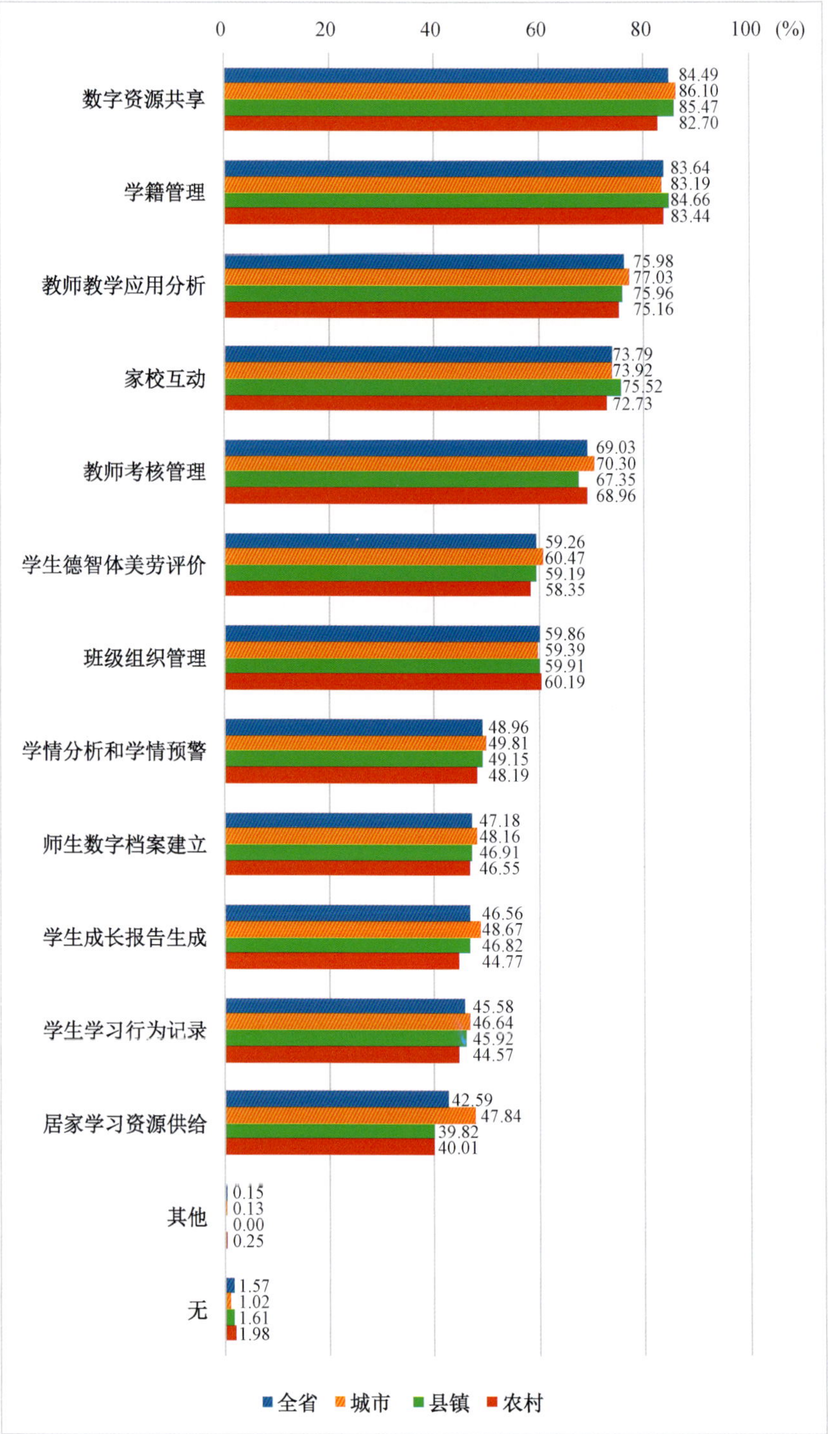

图2-16　基于区/县级及以上教育云平台的学校网络空间的常用功能占比

根据调研数据显示，全省中小学校常使用区县级和地市级网络空间支持平台的比例相对较高，分别为 80.99%和 80.80%，其次是省级平台，比例为 78.82%。此外，全省使用校本级网络空间支持平台的比例相对较低，仅为 56.39%。具体如图 2－17 所示。

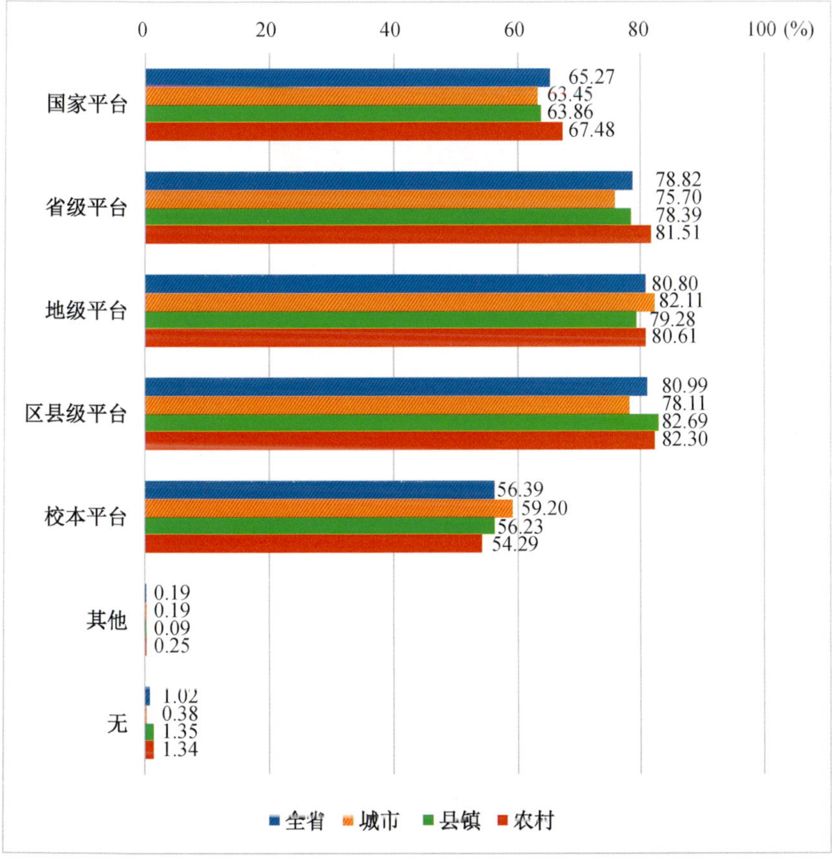

图 2－17　学校最常使用的网络空间支持平台比例

2.3.3 教师信息化应用成果

截至 2021 年底，江苏省中小学校参加各级教育信息技术相关比赛、评比活动的教师人数占比为 26.06%，其中，城市学校参加各级教育信息技术相关比赛、评比活动的教师人数占比最高，为 31.12%；县镇学校参加各级教育信息技术相关比赛、评比活动的教师人数占比次之，为 28.09%；农村学校参加各级教育信息技术相关比赛、评比活动的教师人数占比相对较低，为 20.99%。具体情况如图 2－18 所示。

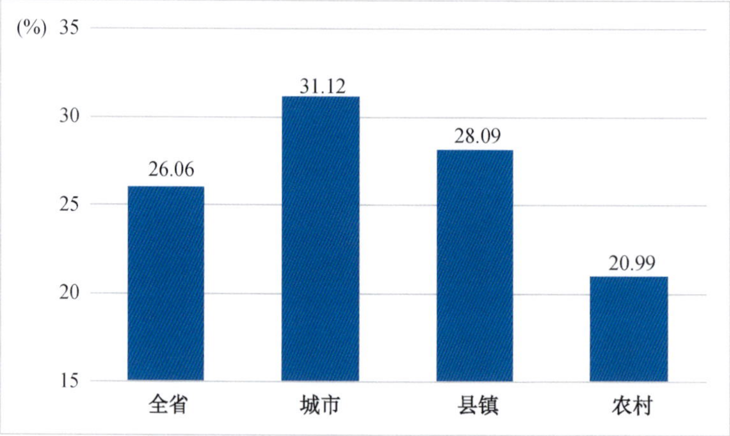

图2－18 学校参加各级教育信息技术比赛、评比活动的教师人数占比

根据调研结果显示，全省学校教师在区或县级及以上教育云平台中晒课数占比为40.09%，其中城市学校教师晒课数占比最高，为47.49%，而农村学校教师晒课数占比最低，为32.57%。具体情况如图2－19所示。

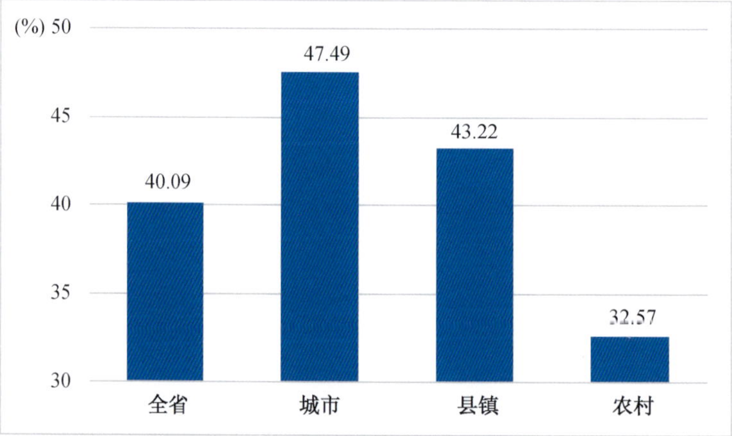

图2－19 学校教师在区或县级及以上教育云平台中晒课数占比

2.3.4 教学组织模式

截至2021年底，全省学校采取的教学组织模式主要有班级授课制、分组教学制、选课制、走班制等，其中班级授课制占比最高，为98.58%；分组教学制次之，占比为54.44%。另外，选课制和走班制两种教学组织模式占比较低，分别为31.44%和18.90%。具体情况如图2-20所示。

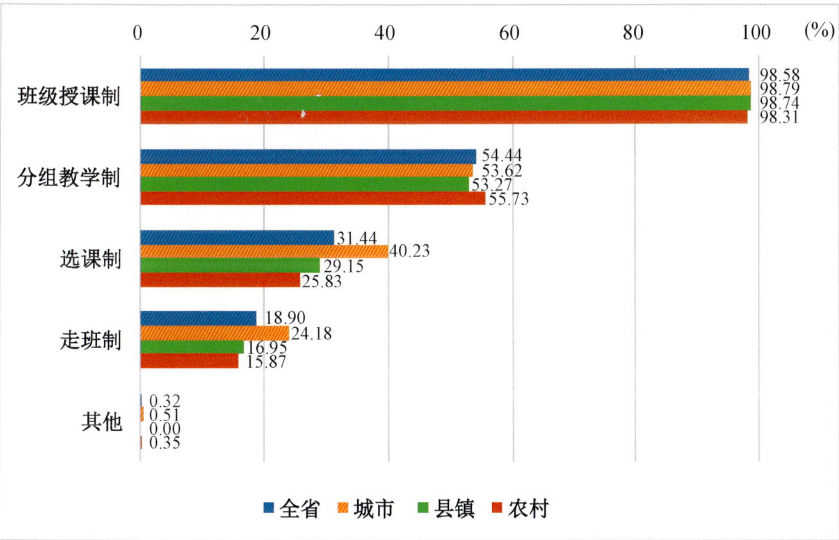

图2-20　学校采取的教学组织模式

2.4 管理信息化

教育管理是对人力、财力、物力等教育资源进行合理配置，使之有效运转，以使其实现教育管理目标的协调活动过程，这是教育信息化的重中之重，同时对于提升科学决策水平、实现教育治理现代化有着重要的作用。《中国教育现代化2035》提出：推进教育治理体系和治理能力现代化，推动社会参与教育治理常态化，建立健全社会参与学校管理和教育评价监管机制。

在教育管理过程中，应扩展学校信息化与管理服务的深度融合，切实应用信息技术推动管理服务水平的提升，通过集中受理、协同办公的方式打造更为便捷、标准、高效的管理服务体系，以便为师生提供高效服务。在此次调查中，结合江苏省管理信息化建设现状，具体从信息化管理系统及一卡通系统两部分展开分析。

2.4.1 信息化管理系统

信息化管理系统不仅能够有效地计划、监督和控制教育信息的搜集、整理、存储、处理和转换，还能够快速便捷地提供教学工作者所需的教育资源。调研显示，江苏省学校教学、管理类信息系统的主要部署方式为：基于公共教育云平台、基于学校机房、基于商业云平台、基于校外公共机房等。其中，最常使用的部署方式是基于公共教育云平台，全省平均占比为 54.27%；其次是基于学校机房，全省平均占比为 38.81%。具体如图 2－21 所示。

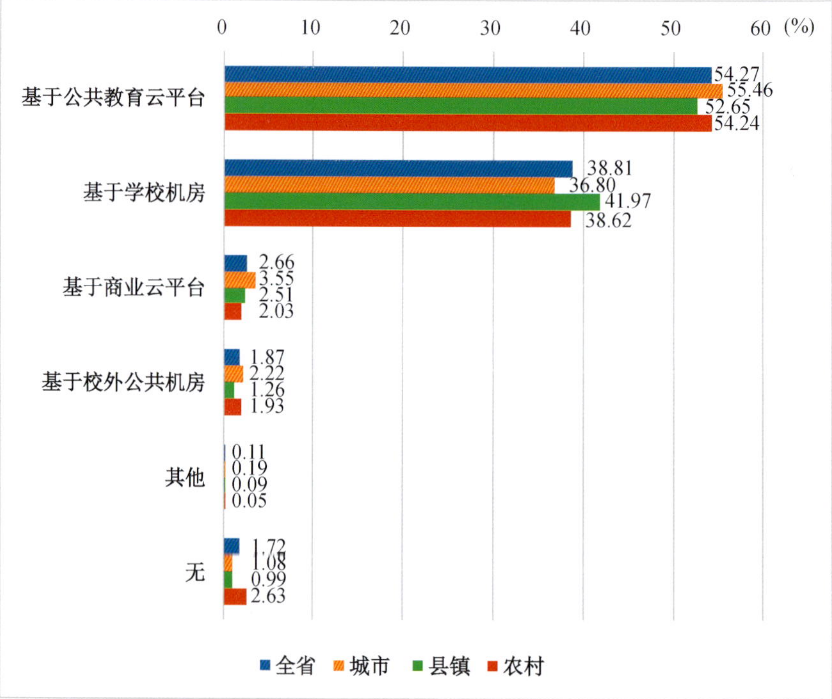

图 2－21　学校教学、管理类信息系统的主要部署方式

根据调研结果显示,江苏省学校信息管理系统实现数据统筹管理的主要业务包括:学校及资产类、教师类、学生类、教务类、教学类、总务类、规划与决策类等。其中,学校及资产类和教师类实现数据统筹管理的高于90%;规划与决策类实现数据统筹管理的最少,仅为52.04%。具体情况如图2-22所示。

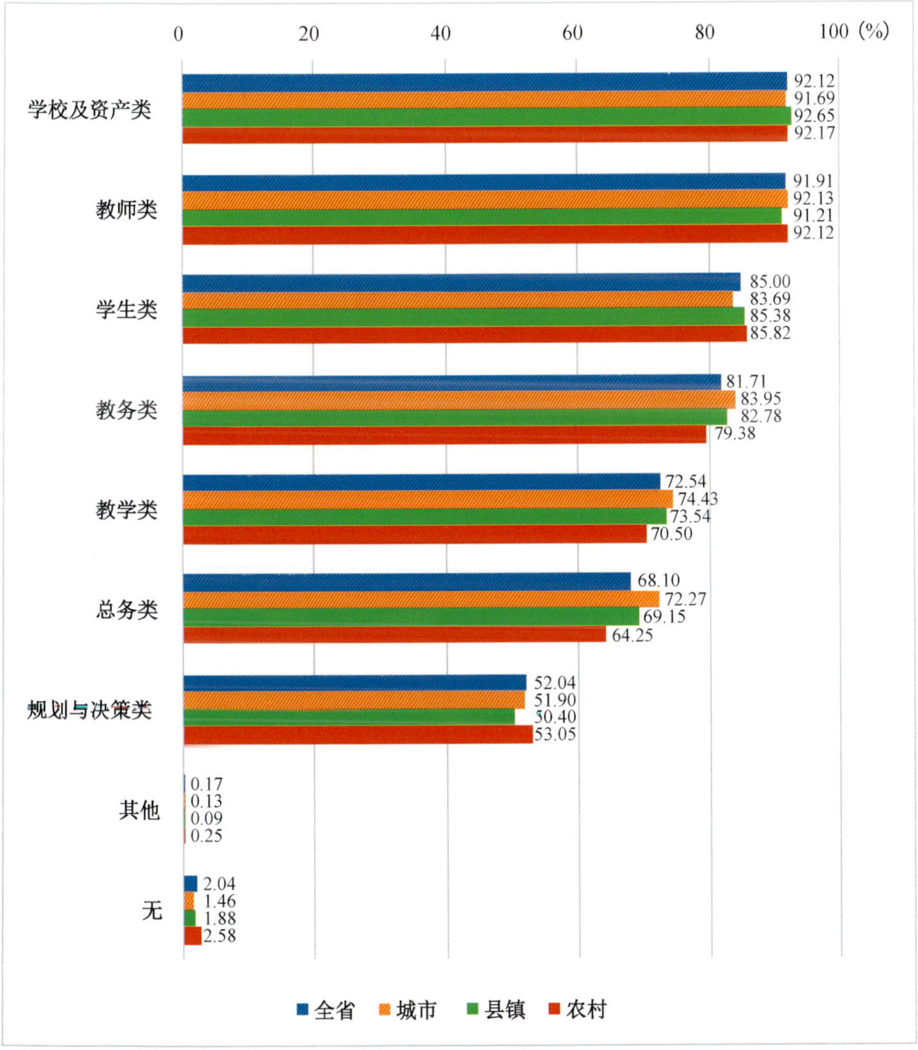

图2-22　学校信息管理系统实现数据统筹管理的业务类别比例

截至 2021 年底，全省学校管理信息系统实现统一身份认证的学校比例为 87.57%，其中，农村学校管理信息系统实现统一身份认证的学校比例最高，为 89.14%；县镇学校和城市学校实现管理信息系统一体化的比例均低于全省平均水平，分别为 86.55%和 86.29%。具体情况如图 2－23 所示。

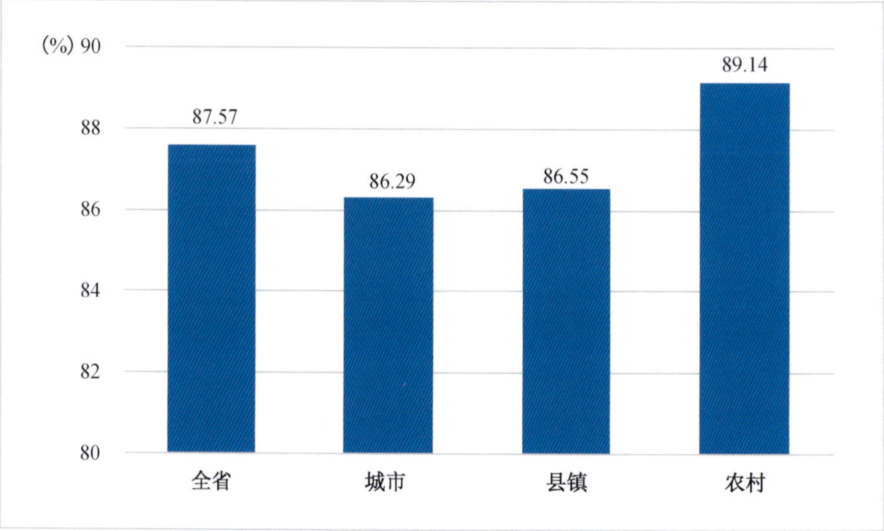

图 2－23　管理信息系统实现统一身份认证的学校比例

全省学校现有管理信息基础数据用于家校互动的比例最高，为 77.55%；用于部门/学校工作总结的次之，为 74.34%。此外，用于学校发展评价、课程实施情况跟踪、业务流程重组和再造、“三个课堂”应用效果评估的比例均低于 40%，尤其在“三个课堂”应用效果评估方面的比例仅为 25.23%。其中，农村学校占比最高，为 25.83%；其次是城市学校和县镇学校，分别为 25.00%和 24.48%。具体情况如图 2－24 所示。

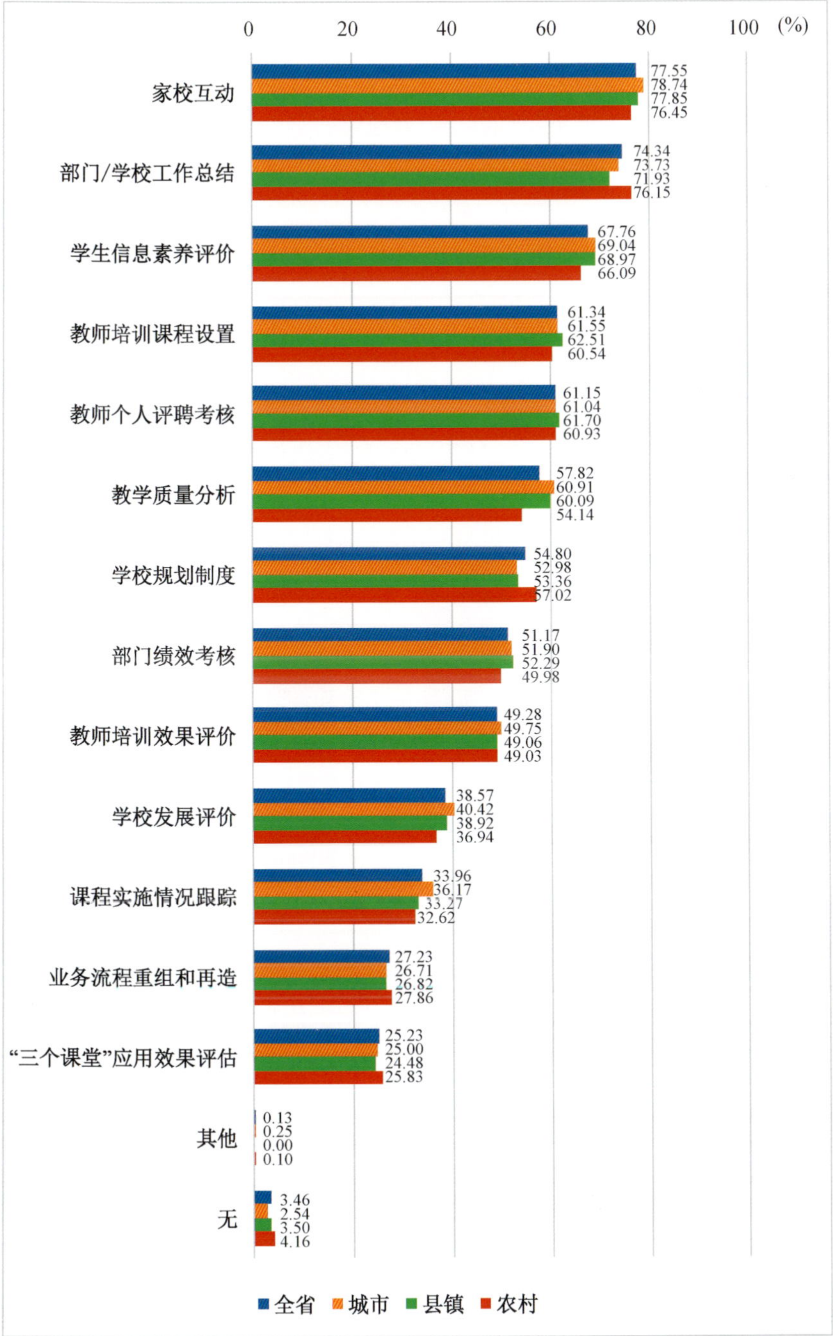

图 2－24　学校现有管理信息基础数据应用方面比例

2.4.2 一卡通系统

目前，校园一卡通已经成为校园信息化建设不可缺少的一部分。一卡通的应用实现了数据管理的集成与共享，极大地加快了信息化建设进度，为系统间的资源共享打下了坚实基础。截至 2021 年底，全省共有 39.10％的学校开通了校园一卡通服务，城市学校开通比例高于全省平均水平，为 42.51％，县镇学校和农村学校开通一卡通服务比例较低，分别为 38.21％和 36.94％。具体情况如图 2－25 所示。

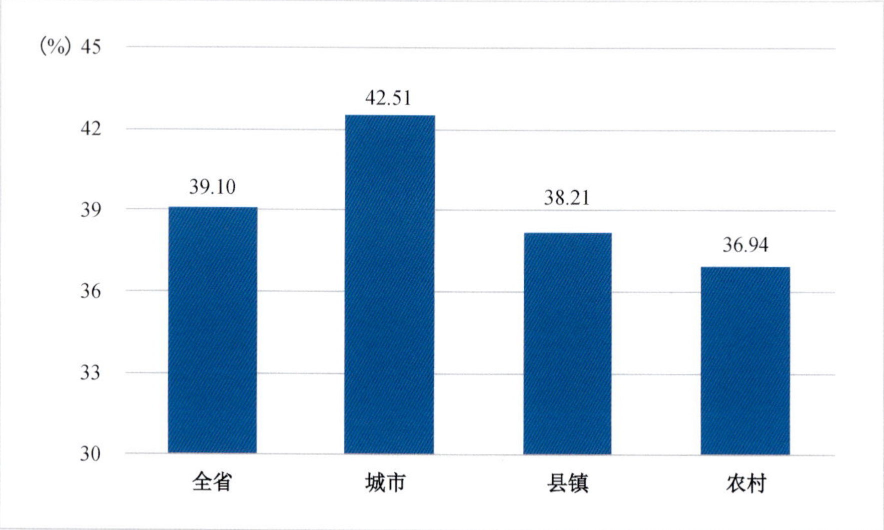

图 2－25　校园一卡通开通比例

截至 2021 年底，江苏省中小学校园一卡通实现图书证功能的比例最高，占比 42.33％；校园一卡通用于学生证的比例次之，为 39.70％，开通比例较低的功能是医疗卡和购物卡，分别为 6.63％和 3.97％；此外，仍有 38.28％的学校尚未开通校园一卡通。具体情况如图 2－26 所示。

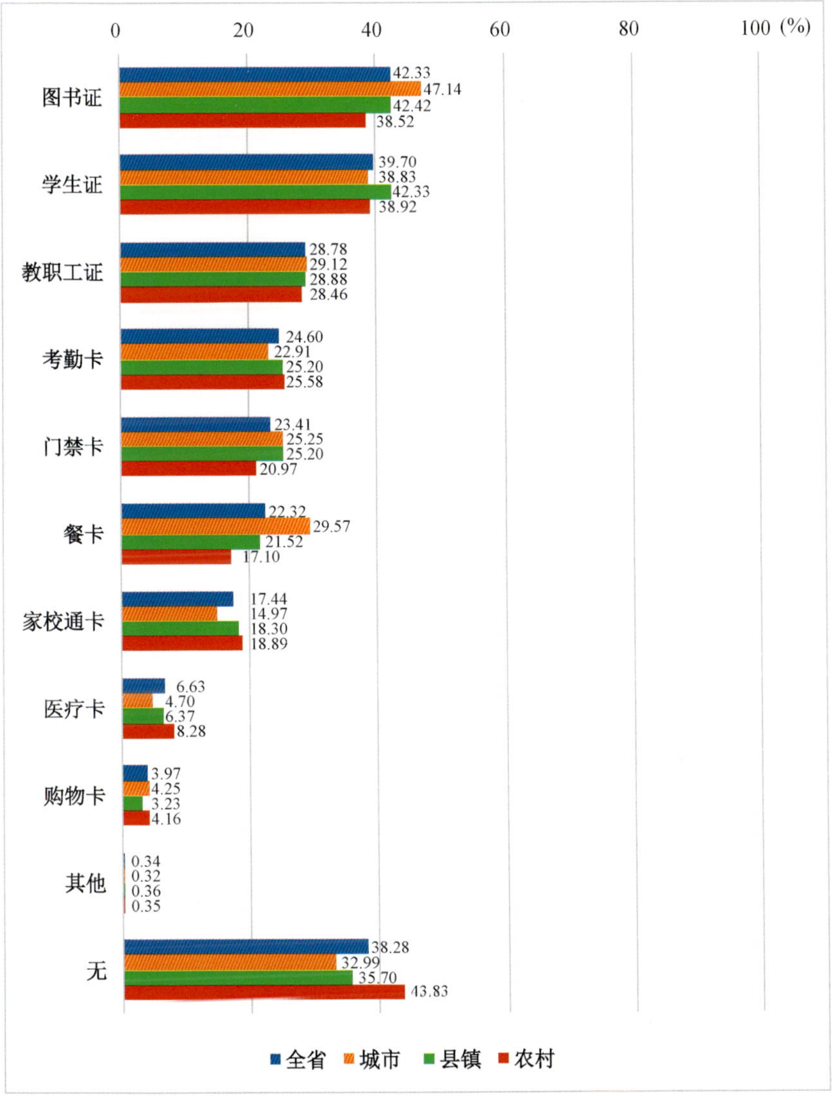

图 2－26　校园一卡通实现的功能占比

调研显示，学校安全监控系统校园覆盖范围包括了主要出入口、教学楼、办公区、生活区等。在主要出入口覆盖安全监控系统的学校比例达 98.05%，其中，县镇和农村学校的比例均高于省平均水平，分别为 98.30%和 98.07%。此外，学校安全监控系统在生活区的覆盖率较低，为 66.23%。具体情况如图 2－27 所示。

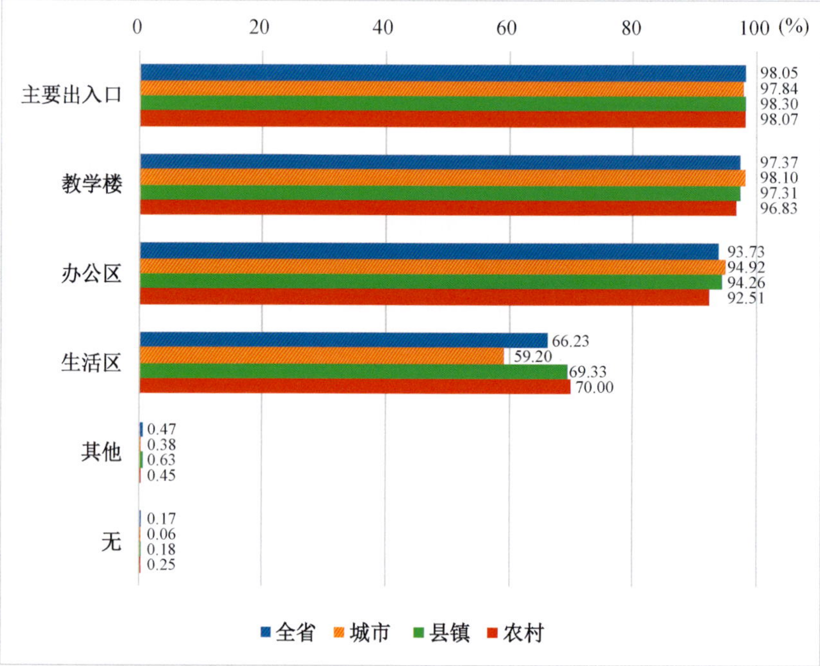

图 2－27　学校安全监控系统校园覆盖范围占比

2.5 保障措施

保障措施不仅可以为信息化工作有效开展提供保障，还是教育信息化建设的重要支撑力量，因此必须高度重视保障措施的建立。《2021年教育信息化和网络安全工作要点》指出：出台教育部直属机关数据安全管理办法和教育系统数据安全的指导意见，使教育网络安全防护水平不断提高。为加快教育信息化步伐，需要加强全局化统筹、规划管理服务、加强领导力、运维能力及信息化应用能力，提高信息化服务质量和水平，为以教育教学改革、科研体制改革等为主要内容的学校综合改革提供支撑保障。

为促进教育信息化全面有效地提升，各学校可创新并落实信息化经费保障，提高教师信息化应用能力，并制定完善的机制体制和有效的保障措施。在此次调查中，结合江苏省保障措施相关方面的建设现状，具体从信息化经费投入、信息化教师、信息化培训、信息化保障措施四个部分展开分析。

2.5.1 信息化经费投入

教育信息化是实现教育现代化的必然选择，而充足的信息化经费投入为其顺利开展提供了保障。截至2021年底，全省教育信息化经费投入占学校同期教育总经费支出的比例情况，如图2-28所示。全省中小学教育信息化经费总计投入占学校同期教育总经费支出的平均比例为18.28%。其中城市为20.64%，农村为17.13%，县镇为17.05%。

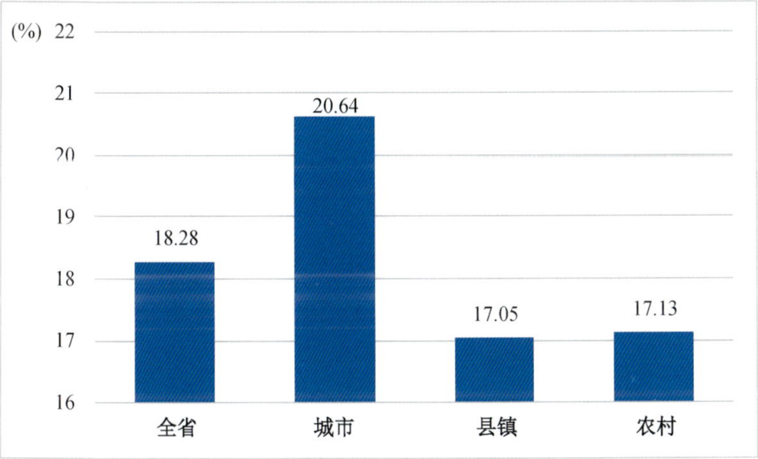

图2-28　信息化经费占教育总经费比例情况

合理的经费支出、科学有效的信息化经费管理及完善的信息化经费保障体制是推动学校教育信息化发展的关键。调研显示，学校信息化经费使用主要包括硬件经费、系统软件和应用软件经费、教学平台和教学资源费用、培训费用、运行与维护费用、网络安全费用以及研究及其他费用等。截至2021年底，江苏省信息化经费投入中硬件经费占比为40.59%，系统软件和应用软件经费占比为10.45%，教学平台和教学资源费用占比为9.92%，培训费用占比为9.37%，运行与维护费用占比为9.35%，网络安全费用占比为6.66%，研究及其他费用占比为5.74%。具体情况如图2-29所示。

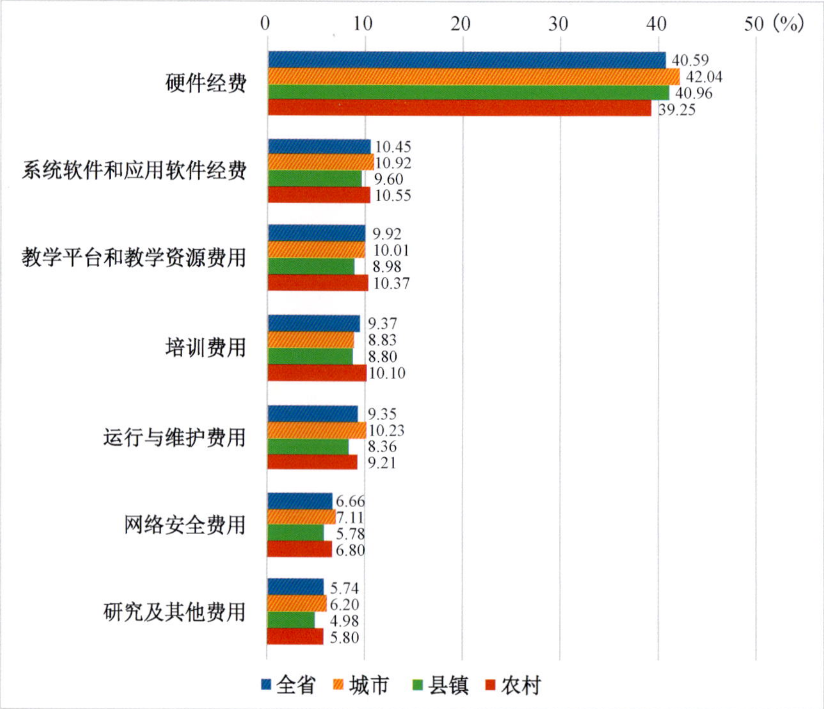

图 2-29　信息化经费的投入比例

2.5.2 信息化教师

截至2021年底，学校信息技术课程教师人数情况，如图2-30所示。全省校均信息技术课程教师人数为3.86人，其中，城市和县镇学校校均信息技术课程教师人数均高于省平均水平，分别为4.46人和4.15人，农村学校信息技术课程教师人数较低，校均为3.24人。

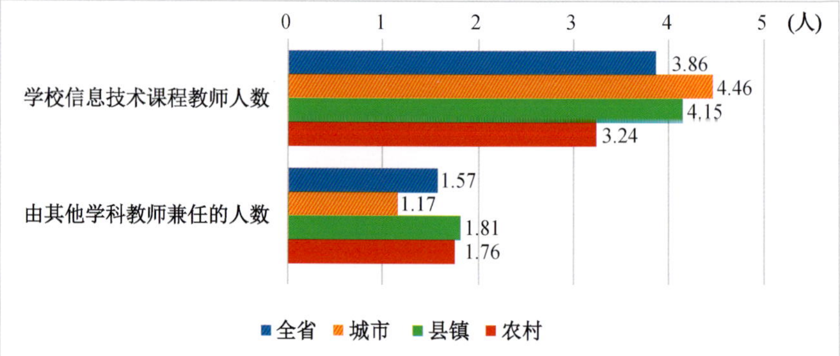

图 2-30　学校信息技术课程教师人数

2.5.3 信息化培训

随着信息技术的普及、教学改革的不断深入，要使信息技术在中小学教育发挥作用，推动我国基础教育改革，实现教育现代化，对中小学教师、管理人员、校领导等进行信息技术培训非常必要，而且迫在眉睫。截至 2021 年底，全省校级领导参加信息化培训情况，如图 2－31 所示。全省校级领导参加的信息化培训以区县级和地市级培训为主，其次是省级培训，仍有部分学校的校级领导未参加任何形式的信息化培训。其中，全省有 79.27％的校级领导参加了区县级信息化培训，77.17％的校级领导参加了地市级信息化培训，71.03％的校级领导参加了省级信息化培训，而 31.92％的校级领导参加了国家级信息化培训，此外，仍有 1.74％的校级领导没有参加过信息化培训。

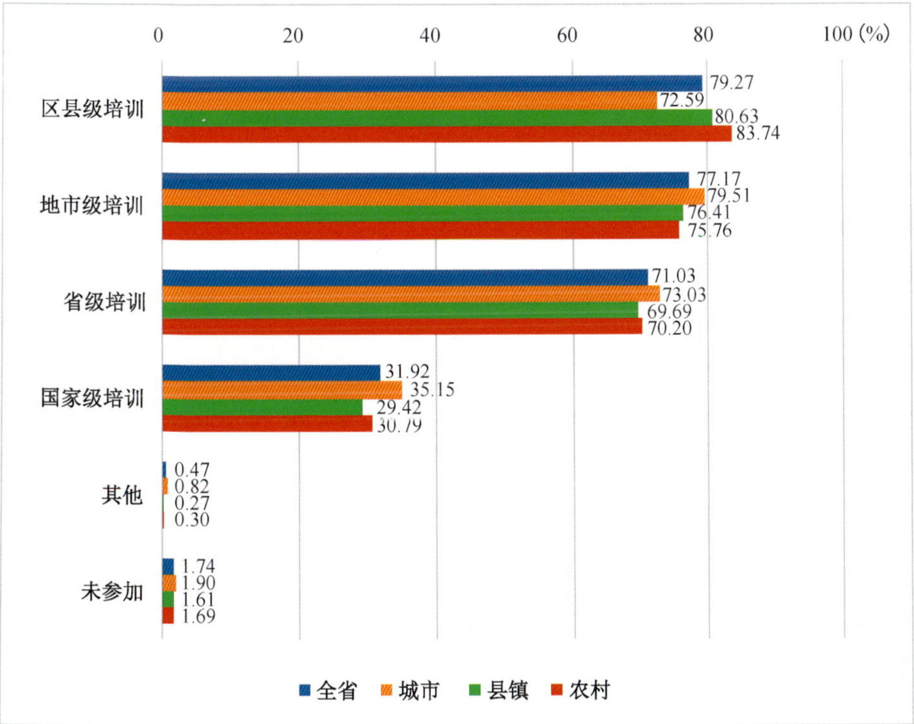

图 2－31　最近一年校级领导参加的信息化相关培训

据调查统计，江苏省校级领导参加信息化培训的次数平均为每年 14.11 人次。其中城市学校为 16.12 人次，县镇学校为 14.31 人次，农村学校为 12.42 人次。具体情况如图 2－32 所示。

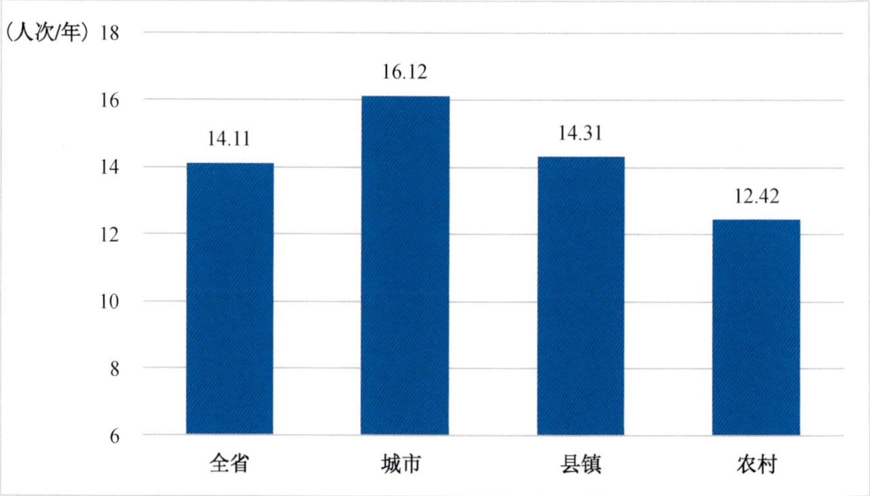

图 2－32　校领导参加各级信息化培训情况

截至 2021 年底，全省最近一年参加教育信息化专项培训［区县级（含）以上］的教师比例为 72.42%，其中城市学校的这一比例为 77.24%；县镇学校次之，为 70.19%，而农村最近一年参加教育信息化专项培训的教师比例最低，为 69.89%。具体情况如图 2－33 所示。

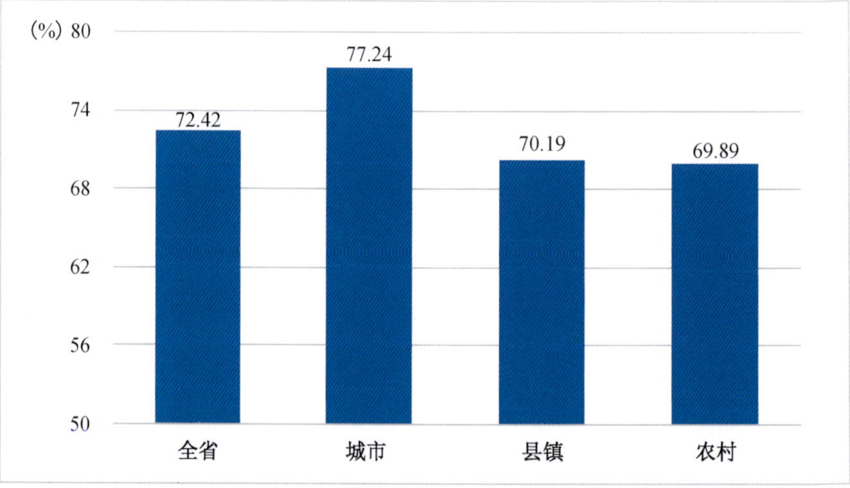

图 2－33　最近一年参加教育信息化专项培训［区县级（含）以上］的教师比例

江苏省中小学校组织的信息化校本培训次数情况如图 2－34 所示。全省学校组织的信息化校本培训次数平均为 10.62 次，其中，城市和农村学校组织的信息化校本培训次数均高于省平均次数。另外，全省分学科的信息化校本培训次数为校均 6.23 次。

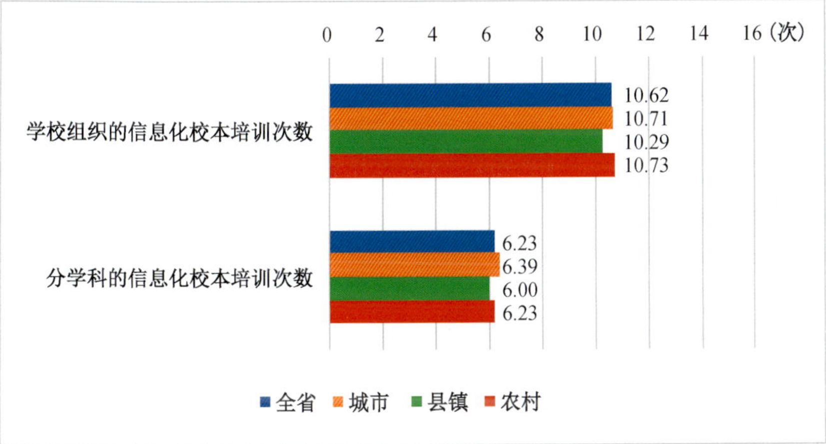

图 2－34　学校组织的信息化校本培训次数

2.5.4 信息化保障措施

为了保持我国信息化发展的协调性和连续性，在推进教育信息化的进程中，不仅要完善信息化发展战略研究和政策体系，深化和完善信息化发展领域的体制改革，加快制定应用规范和技术标准，推进信息化法制建设及加强网络治理和壮大信息化人才队伍，同时，学校制定良好的信息化保障措施，对于进一步促进信息化协调发展，切实加强信息技术、信息资源、人才培养具有重要作用。截至 2021 年底，全省已有 84.79％的学校制定了学校教师信息技术应用能力培训计划，79.14％的学校建立了教师信息技术应用能力达标标准，76.47％的学校将信息化教学能力纳入教师评聘考核体系，74.72％的学校推进信息化教学校本研修。具体情况如图 2－35 所示。

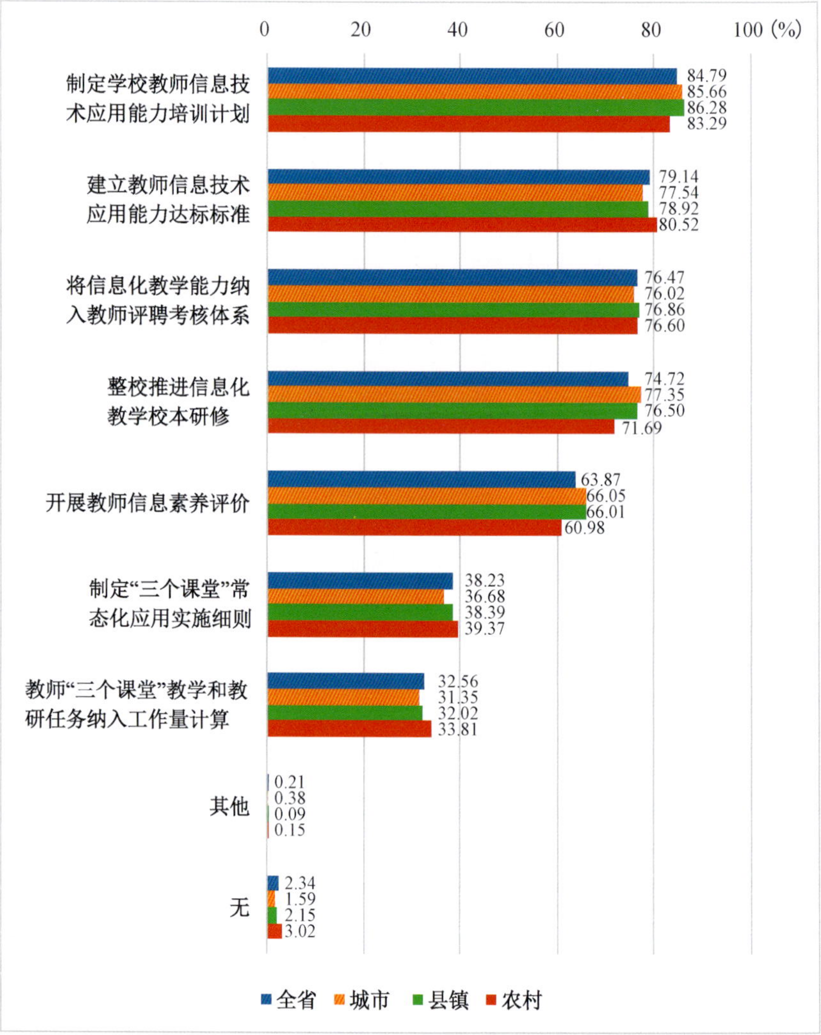

图 2－35　学校为促进信息化应用采取相应措施的学校比例

2.6 各设区市教育信息化对比

2.6.1 教育信息化基础设施建设

各地市宽带接入 100 M 以上学校比例情况，如图 2－36 所示。各市宽带接入 100 M 以上学校比例均为 100%。

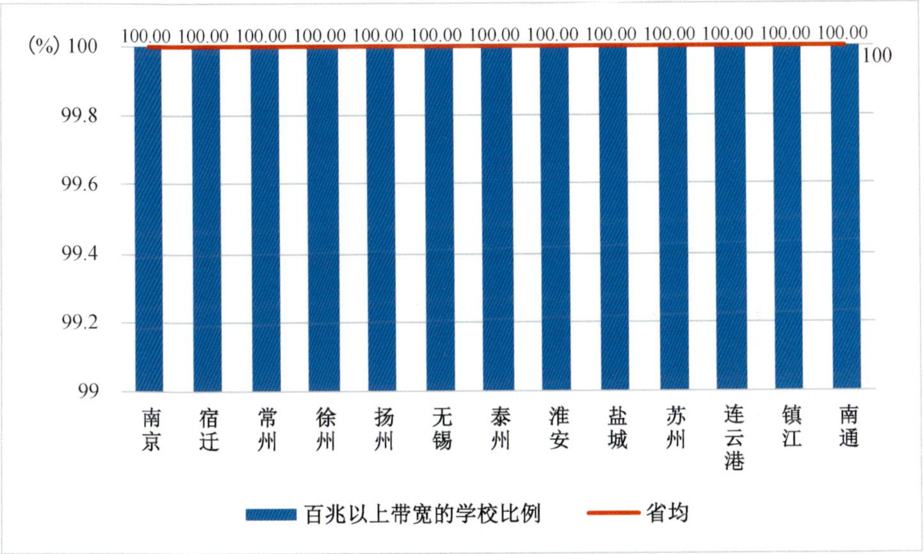

图 2-36　宽带接入 100 M 以上学校比例

各地市建有无线网络的学校比例情况，如图 2-37 所示。连云港、南京、南通等七个市建有无线网络的学校比例均高于全省平均水平。其中，连云港建有无线网络学校的比例最高，为 100%，其次是南京和南通，分别为 99.21% 和 96.10%。泰州市建有无线网络学校的比例相对较低，为 74.45%。

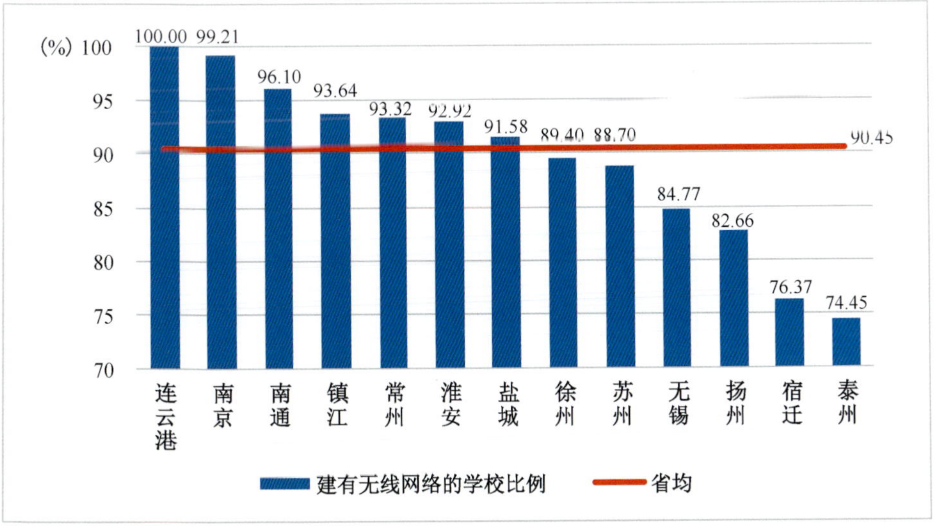

图 2-37　建有无线网络的学校比例

各地市配备交互性设备的教室比例情况，如图 2－38 所示。镇江、南通、连云港三个市配备交互性设备的教室比例最高，均达 100%，其次是盐城和扬州，比例为 99.82%和 99.13%；南京市配备交互性设备的比例相对较低，为 89.57%。

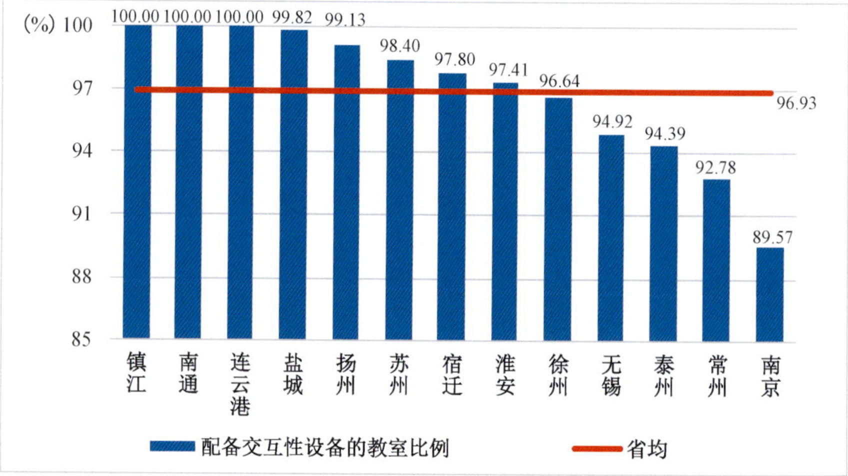

图 2－38　配备交互性设备的教室比例

各地市实现所有多媒体教室全部联网的学校比例情况，如图 2－39 所示。镇江市实现所有多媒体教室全部联网的比例最高，为 100%，其次是连云港市和盐城市，分别为 99.67%和 98.72%；宿迁市实现所有多媒体教室全部联网的学校比例相对较低，为 74.45%。

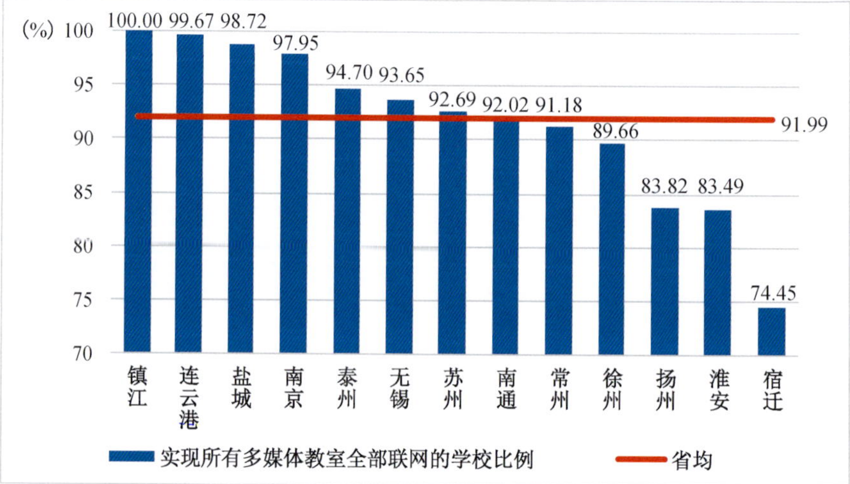

图 2－39　实现所有多媒体教室全部联网的学校比例

各地市实现所有教室接入数字教育资源的学校比例情况，如图 2－40 所示，连云港、南京、盐城等八个市实现所有教室接入数字教育资源的学校比例高于全省平均水平，其中连云港市实现所有教室接入数字教育资源的学校的比例最高，为 99.67%，而宿迁市实现所有教室接入数字教育资源的学校比例相对较低，为 76.92%。

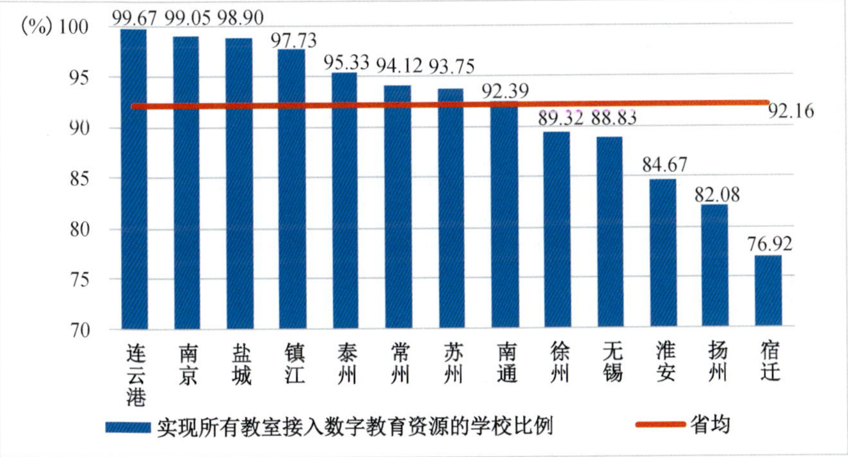

图 2－40　实现所有教室接入数字教育资源的学校比例

各地市拥有录播教室的学校比例情况，如图 2－41 所示。除镇江、盐城和南京三个市外，其他地市拥有录播教室的学校比例均低于 80%，而镇江市拥有录播教室的学校比例最高，为 94.55%；南通、连云港、常州、泰州、徐州拥有录播教室的学校比例均低于全省平均水平，其中，徐州市拥有录播教室的学校比例相对较低，为 44.07%。

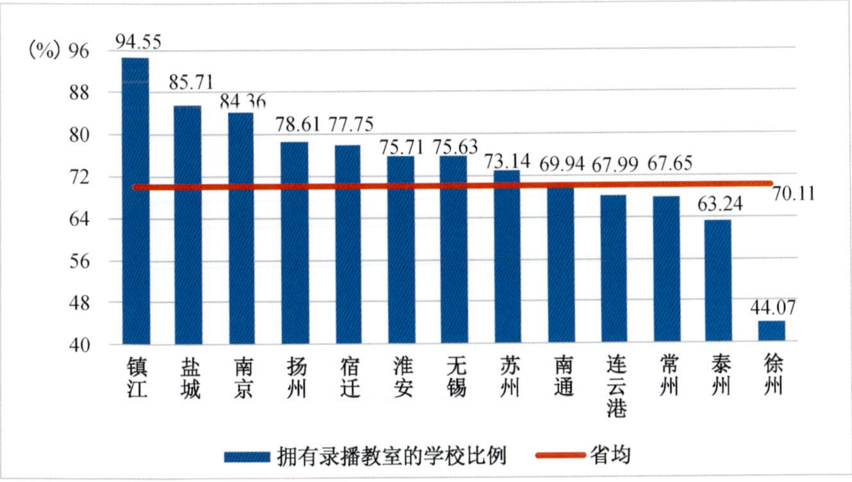

图 2－41　拥有录播教室的学校比例

各地市校均多媒体教室数量占教室总数量的比例情况，如图2－42所示。所有地市校均多媒体教室数量占教室总数量的比例均高于95%，其中，镇江市校均多媒体教室数量占教室总数量的比例最高，为100%；其次是连云港市，为99.95%；而宿迁市校均多媒体教室数量占教室总数量的比例相对较低，为97.58%。

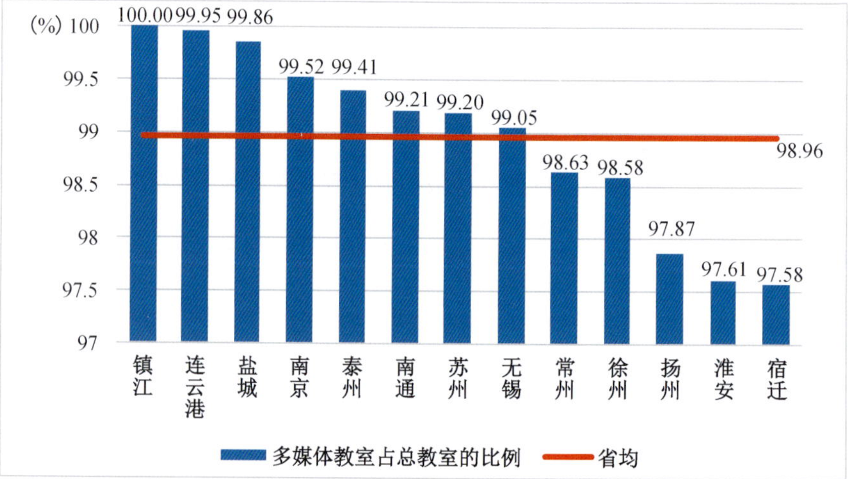

图2－42　校均多媒教室数量占教室总数量的比例

各地市拥有多媒体教室的学校比例情况，如图2－43所示。南京、南通、宿迁等九个市拥有多媒体教室的学校比例均为100%；其余四个地市拥有多媒体教室的学校比例也均在99%以上，扬州市拥有多媒体教室的学校比例为99.71%，略低于全省平均水平。

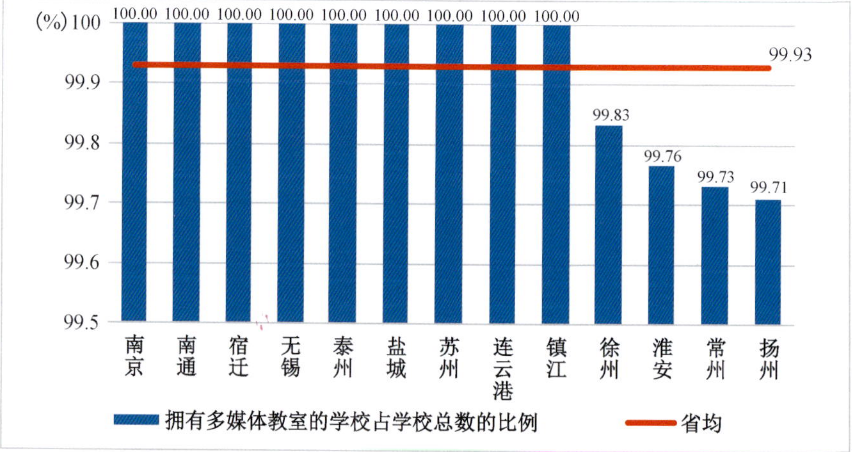

图2－43　拥有多媒体教室的学校比例

各地市拥有创新实验室的学校比例情况，如图 2－44 所示。连云港市拥有创新实验室的学校比例最高，为 94.24％，其次是镇江市，为 91.86％；而宿迁市拥有创新实验室的学校比例相对较低，为 56.73％。

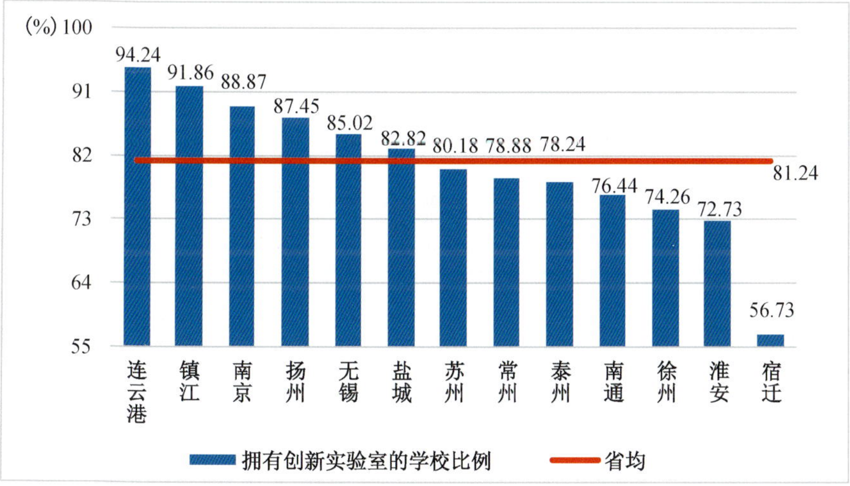

图 2－44　拥有创新实验室的学校比例

各地市每名教师的终端数量情况，如图 2－45 所示。泰州、南京、连云港等七个地市每名教师的终端数量均高于全省平均水平。其中，泰州市和南京市每名教师的终端数量最多，均为 1.34 台；扬州市每名教师的终端数量相对较低，人均为 0.97 台。

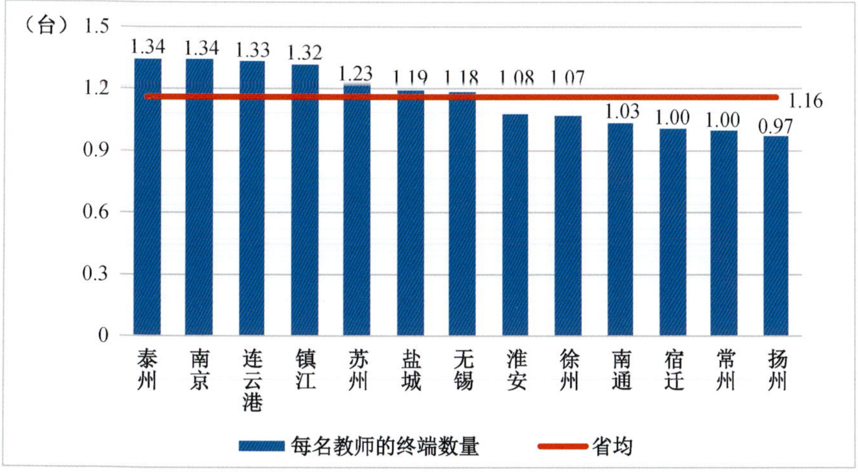

图 2－45　每名教师的终端数量

各地市学生学习用信息化终端中移动终端的比例情况，如图 2－46 所示。淮安、南京、徐州、常州、连云港五个市学生学习用信息化终端中移动终端的比例均高于全省平均水平。其中，淮安市学生学习用信息化终端中移动终端的比例最高，为 39.98%，远高于全省平均水平；而盐城市学生学习用信息化终端中移动终端的比例相对较低，为 14.41%。

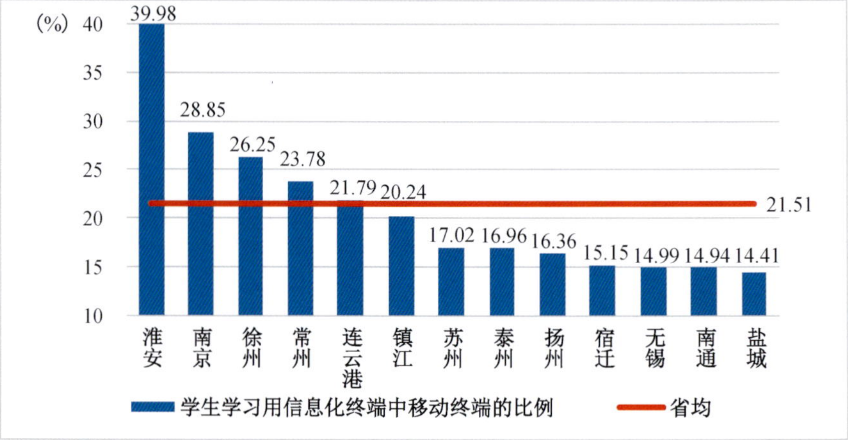

图 2－46　学生学习用信息化终端中移动终端的比例

各地市教师信息化终端中移动终端的比例情况，如图 2－47 所示。淮安、南通、镇江等八个市教师用信息化终端中移动终端的比例高于全省平均水平。其中，淮安市教师信息化终端中移动终端的比例最高，为 32.84%；扬州、苏州市教师信息化终端中移动终端的比例相对较低，分别为 14.52%和 13.93%。

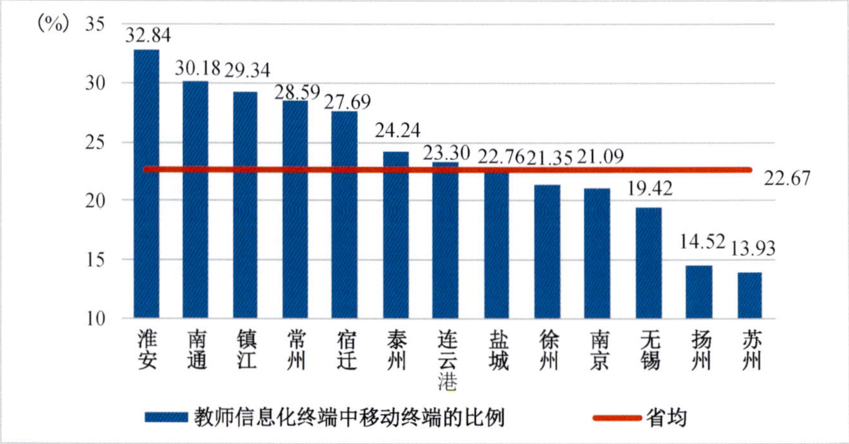

图 2－47　教师信息化终端中移动终端的比例

各地市每百名学生平均拥有终端数量情况，如图 2－48 所示。连云港市每百名学生平均拥有终端数量最多，为 17.99 台；淮安市次之，为 16.66 台。而苏州、无锡、徐州等六个市的每百名学生平均拥有终端数量均低于全省平均水平，宿迁市每百名学生平均拥有终端数量相对较低，为 9.40 台。

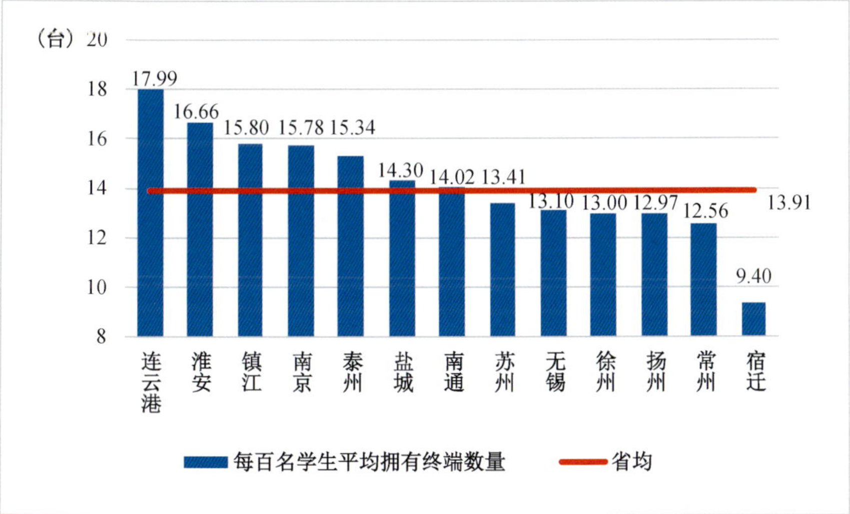

图 2－48　每百名学生平均拥有终端数量

2.6.2 数字化教育资源

各地市语文、数学、英语三门学科均拥有与教材完整配套数字教学资源的学校比例情况，如图 2－49 所示。连云港、扬州、镇江等七个地市语文、数学、英语三门学科均拥有与教材完整配套数字教学资源的学校比例均高于全省平均水平。其中，连云港市语文、数学、英语三门学科均拥有与教材完整配套数字教学资源的学校比例最高，为 96.74%；扬州市次之，为 95.82%；而宿迁和淮安市语文、数学、英语三门学科均拥有与教材完整配套数字教学资源的学校比例相对较低，分别为 88.89%和 88.43%。

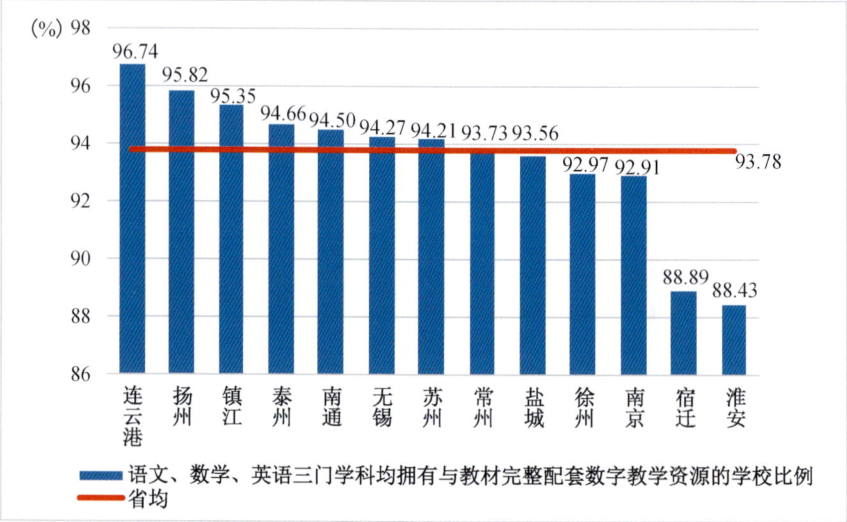

图 2－49　语文、数学、英语三门学科均拥有与教材完整配套数字教学资源的学校比例

各地市拥有校本资源库的学校比例情况，如图 2－50 所示。连云港、镇江、南京等八个地市拥有校本资源库的学校比例高于全省平均水平，其中，连云港市拥有校本资源库的学校比例最高，为 99.83%；淮安、扬州等五个地市拥有校本资源库的学校比例均低于全省平均水平，其中宿迁市拥有校本资源库的学校比例相对较低，为 68.96%。

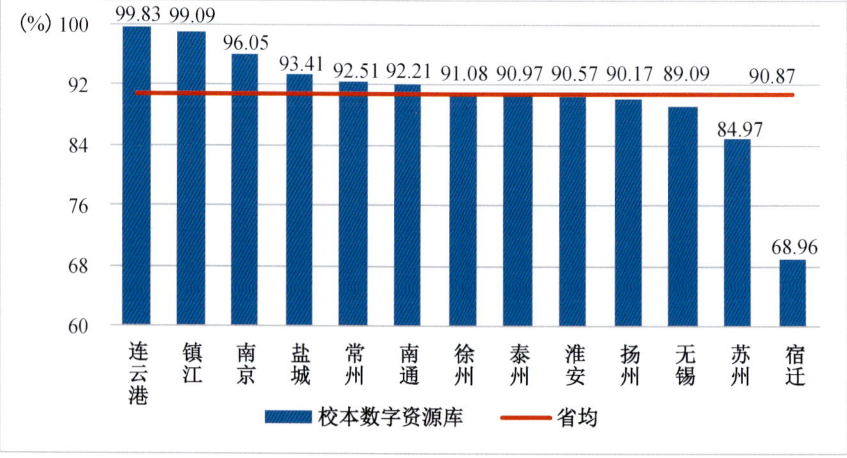

图 2－50　建有校本资源库的学校比例

各地市开通学校网络学习空间的学校比例情况，如图 2－51 所示。连云港、扬州、南京等六个地市开通学校网络学习空间的学校比例高于全省平均水平。其中连云港市开通学校网络学习空间的学校比例最高，为 100%，扬州市次之，为 98.27%，南京市开通学校网络学习空间的学校比例为 95.10%，排名第三。常州、无锡等七个地市开通学校网络学习空间的比例低于全省平均水平，其中，宿迁市比例相对较低，为 62.09%。

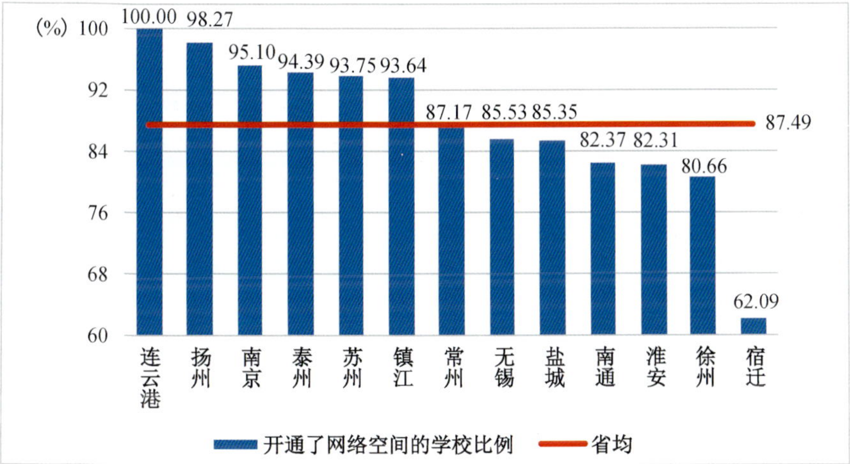

图 2－51　开通学校网络学习空间的学校比例

各地市学生网络学习空间开通数量占学生总数比例情况，如图 2－52 所示。连云港、盐城、镇江等八个地市开通学生网络学习空间的学生比例高于全省平均水平。其中，连云港市开通学生网络学习空间的学生比例最高，为 99.96%；宿迁市的比例相对较低，为 81.07%。

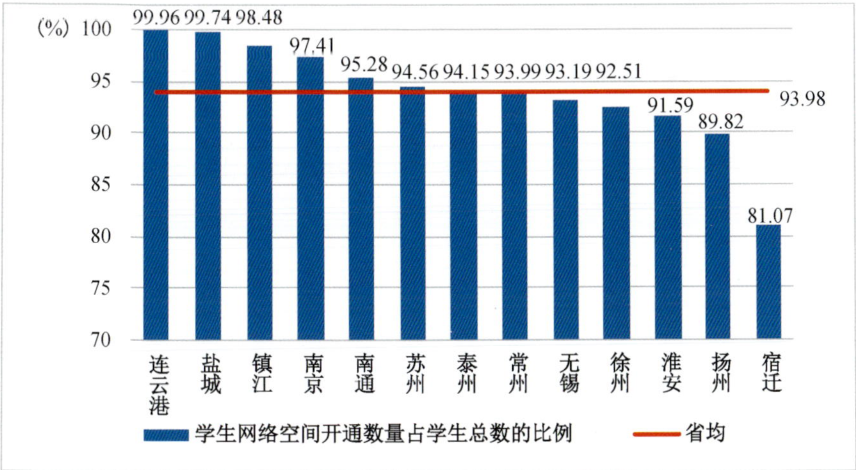

图 2－52　学生网络学习空间开通数量占学生总数的比例

各地市开通教师网络学习空间的教师比例情况，如图 2－53 所示。盐城、连云港、镇江等十个地市开通教师网络学习空间的教师比例高于全省平均水平；其中盐城市教师开通网络学习空间的比例最高，为 99.74％。宿迁市教师开通网络学习空间的比例相对较低，为 77.64％。

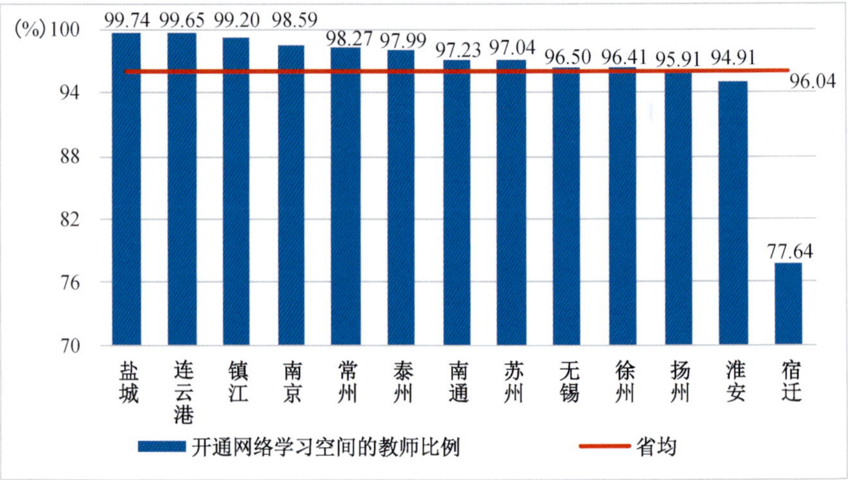

图 2－53　开通教师网络学习空间的教师比例

各地市开设有人工智能课程的学校比例情况，如图 2－54 所示。连云港市开设有人工智能课程的学校比例最高，为 92.51％；镇江市次之，为 88.95％。宿迁市开设有人工智能课程的学校比例相对较低，为 54.39％。

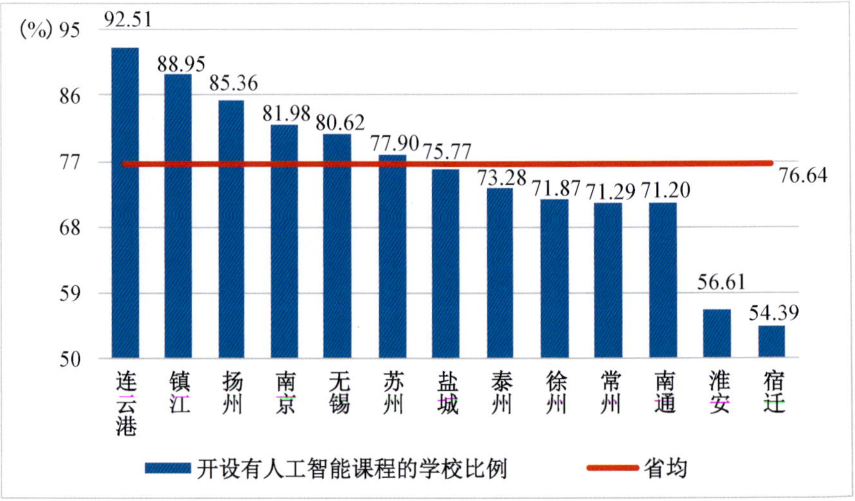

图 2－54　开设有人工智能课程的学校比例

各地市多媒体教室使用率在80%以上的学校比例情况，如图2-55所示。除连云港、无锡、镇江、扬州、南京、常州外，其他所有地市多媒体教室使用率达80%以上的学校比例均低于全省平均水平。其中连云港市多媒体教室使用率达80%以上的学校比例最高，为90.21%；淮安市多媒体教室使用率达80%以上的学校比例最低，为61.57%。

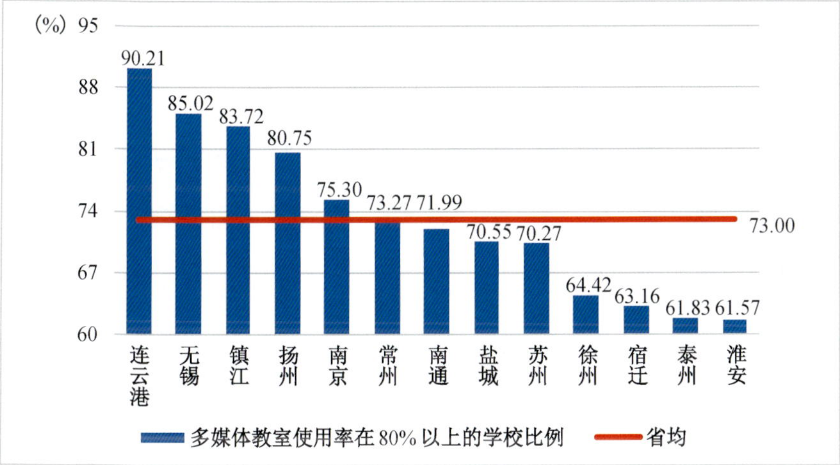

图2-55　多媒体教室使用率在80%以上的学校比例

各地市应用空间开展网络教研的教师占教师总数的比例情况，如图2-56所示。连云港、盐城等八个地市应用空间开展网络教研的教师占教师总数的比例高于全省平均水平，其中连云港市应用空间开展网络教研的教师占所有教师总数的比例最高，为99.61%。宿迁市应用空间开展网络教研的教师占所有教师总数的比例相对较低，为62.94%。

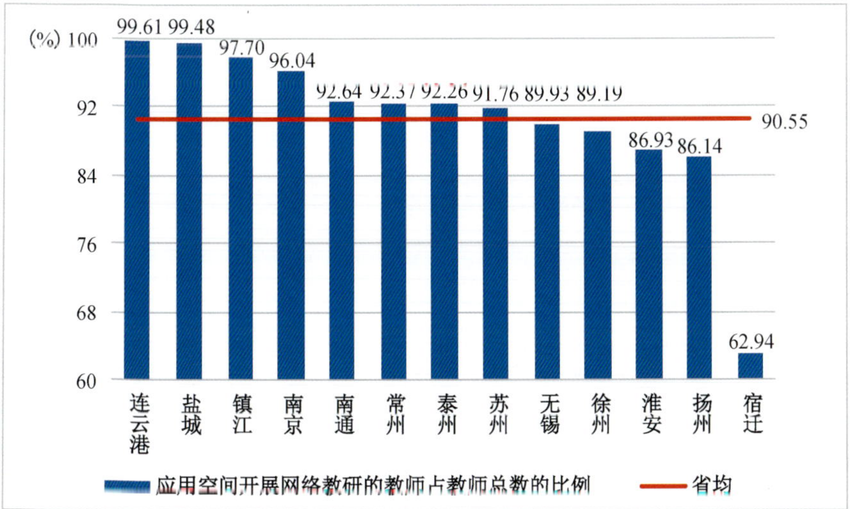

图2-56　应用空间开展网络教研的教师占教师总数的比例

各地市应用空间开展教研的教师占开通空间教师总数的比例情况，如图2－57所示。连云港、盐城、镇江等六个地市应用空间开展教研的教师占开通空间教师数量的比例高于全省平均水平，其中，连云港市应用空间开展教研的教师占开通空间教师数量的比例最高，为99.96%。宿迁市应用空间开展教研的教师占开通空间教师数量的比例相对较低，为81.07%。

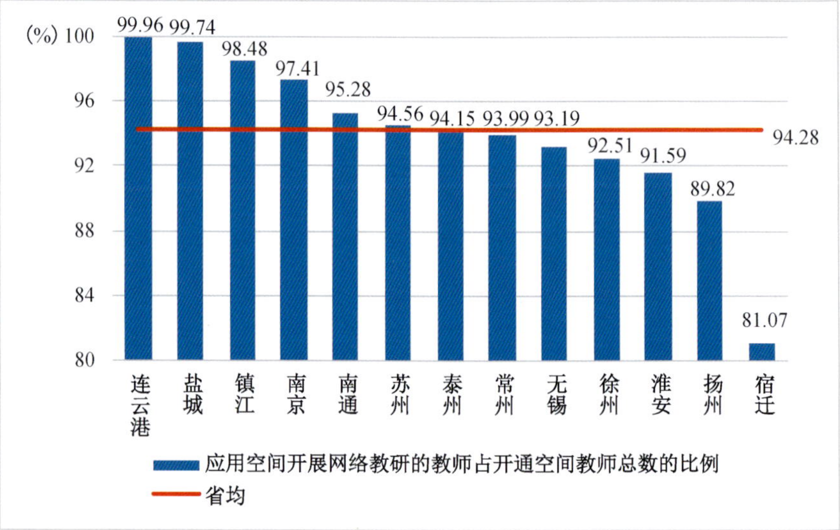

图2－57 应用空间开展教研的教师占开通空间教师总数的比例

各地市应用空间进行课堂教学的教师占所有教师数量的比例情况，如图2－58所示。连云港、盐城等九个地市应用空间开展教学的教师占教师总数的比例高于全省平均水平，其中，连云港市的比例最高，为99.61%。宿迁市应用空间开展教学的教师占教师总数的比例相对较低，为57.76%。

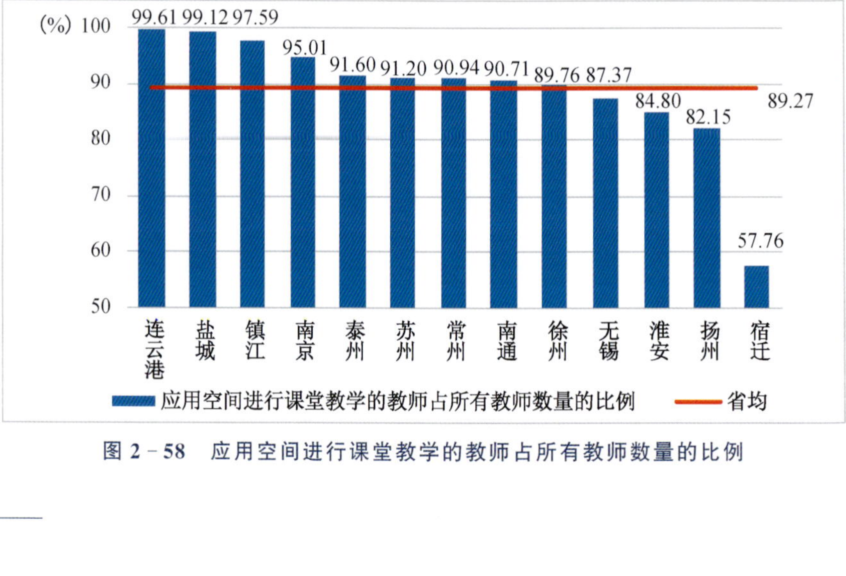

图2－58 应用空间进行课堂教学的教师占所有教师数量的比例

各地市应用空间开展教学的教师占开通空间教师总数的比例情况，如图 2－59 所示。连云港、盐城、镇江等八个地市应用空间开展教学的教师占开通空间教师总数的比例高于全省平均水平，其中，连云港市的比例最高，为 99.96%；宿迁市相对较低，为 74.40%。

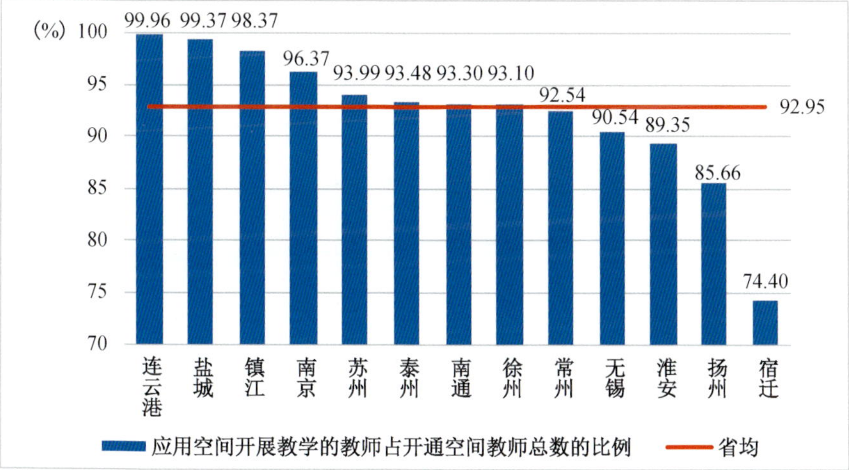

图 2－59 应用空间开展教学的教师占开通空间教师总数的比例

2.6.3 管理信息化

各地市建有管理信息系统的学校比例情况，如图 2－60 所示。镇江、无锡、连云港等七个地市建有管理信息系统的学校比例高于全省平均水平，其中镇江市建有管理信息系统的学校比例最高，为 99.42%。宿迁市建有管理信息系统的学校比例相对较低，为 95.32%。

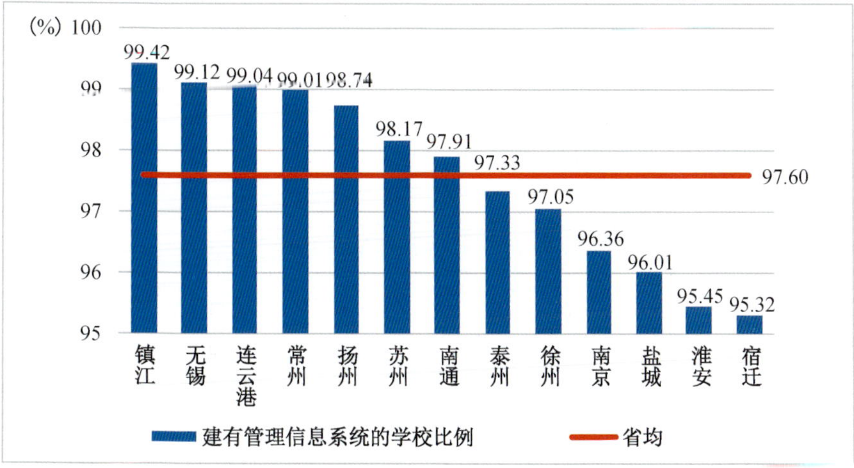

图 2－60 建有管理信息系统的学校比例

各地市管理系统实现统一身份认证的学校比例情况，如图 2－61 所示。连云港、南通、镇江等六个地市管理系统实现统一身份认证的学校比例高于全省平均水平，其中连云港市最高，为 97.70%；淮安市的管理系统实现统一身份认证的学校比例相对较低，为 73.97%。

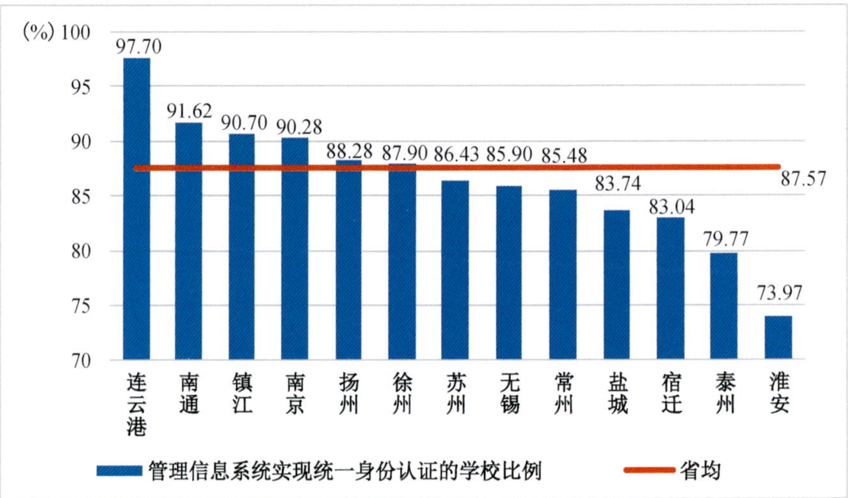

图 2－61　管理信息系统实现统一身份认证的学校比例

各地市校园卡实现一卡通的学校比例情况，如图 2－62 所示。连云港、镇江、苏州市校园卡实现一卡通的学校比例高于全省平均水平，其中连云港市校园卡实现一卡通的学校比例最高，为 82.53%。宿迁市校园卡实现一卡通的学校比例相对较低，为 17.54%。

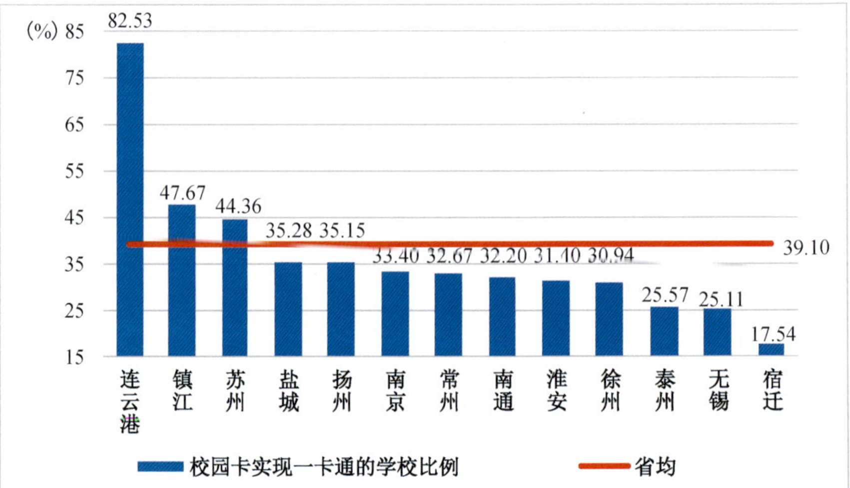

图 2－62　校园卡实现一卡通的学校比例

2.6.4 教育信息化保障措施

各地市信息化经费投入占学校同期教育经费支出平均比例情况如图 2－63 所示。南京、无锡、盐城等六个地市信息化经费投入占学校同期教育经费支出平均比例高于全省平均水平。南京市信息化经费投入占学校同期教育经费支出平均比例最高，为 21.47％，而宿迁市信息化经费投入占学校同期教育经费支出平均比例相对较低，为 14.22％。

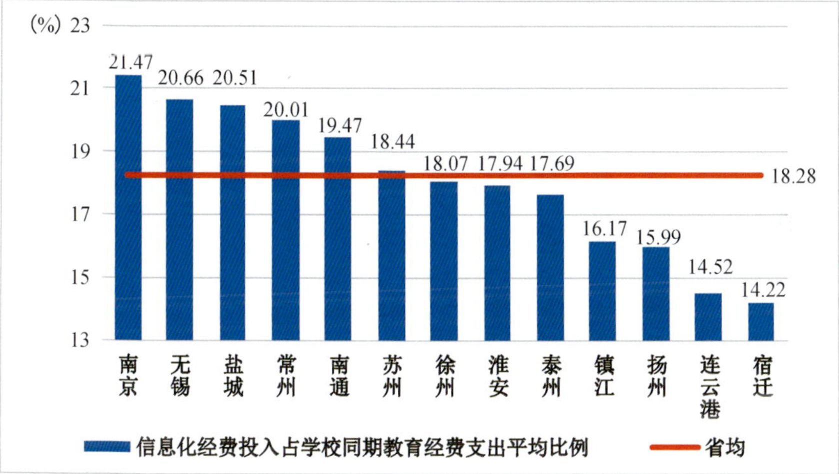

图 2－63　信息化经费投入占学校同期教育经费支出平均比例

各地市校级领导参加的信息化相关培训校均人次情况，如图 2－64 所示。泰州市校级领导参加的信息化相关培训的次数最多，为 18.27 次/人，宿迁市次之，为 16.15 次/人；而扬州市校级领导参加的信息化相关培训次数相对较少，为 10.69 次/人。

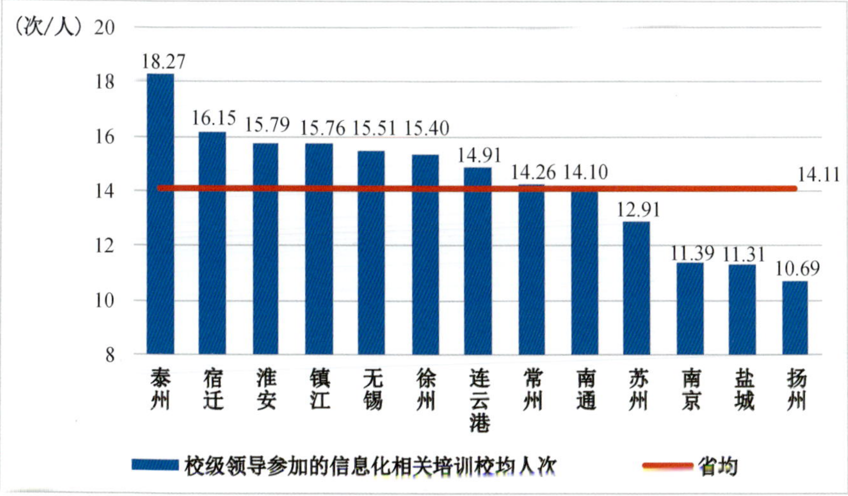

图 2－64　校级领导参加的信息化相关培训校均人次

各地市专职信息化工作人员校均人数情况，如图 2－65 所示。苏州、镇江、无锡等八个地市校均专职信息化工作人员数量高于全省平均水平；扬州、常州、连云港、徐州、南通五个地市校均专职信息化工作人员数量低于全省平均水平。

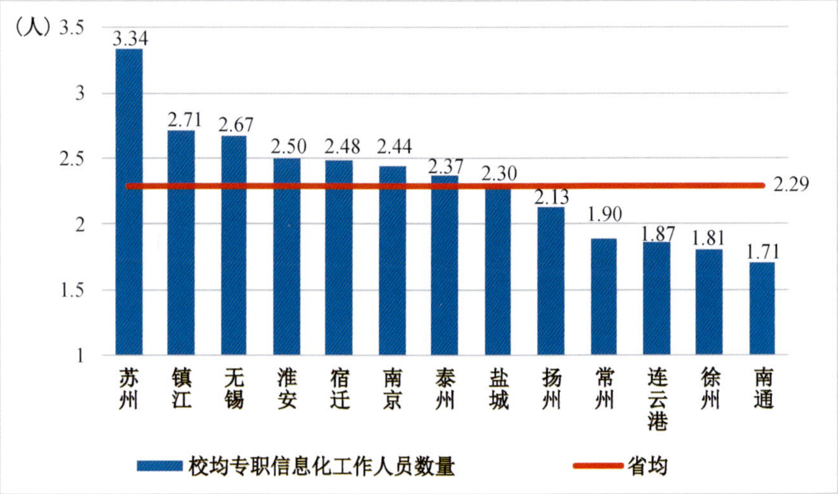

图 2－65　专职信息化工作人员校均人数

各地市学校信息技术课程专职教师比例情况，如图 2－66 所示。南京市学校信息技术课程专职教师比例最高，为 77.16%，无锡市次之，为 77.02%。徐州市学校信息技术课程专职教师比例相对较低，为 36.75%。

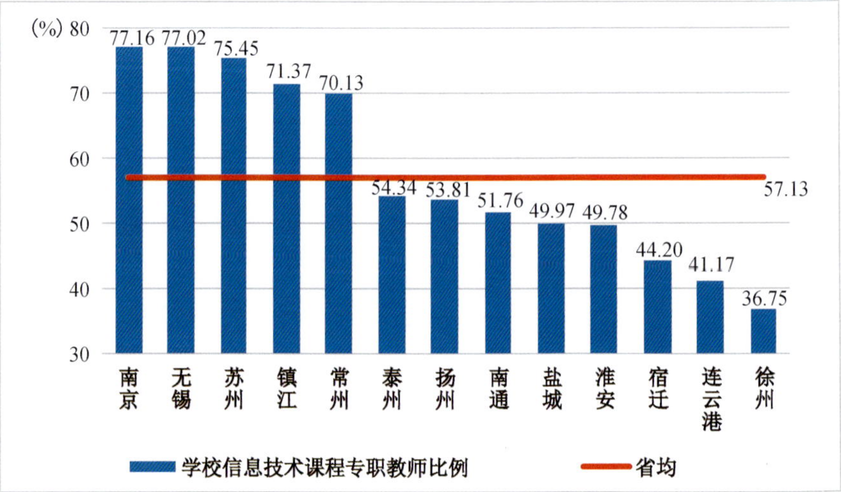

图 2－66　学校信息技术课程专职教师比例

各地市信息技术课程专职教师校均人数情况，如图 2－67 所示。南京市信息技术课程专职教师校均人数最多，为 3.19 人，无锡市次之，人数为 2.85 人。南通市信息技术课程专职教师校均人数相对较低少，为 1.47 人。

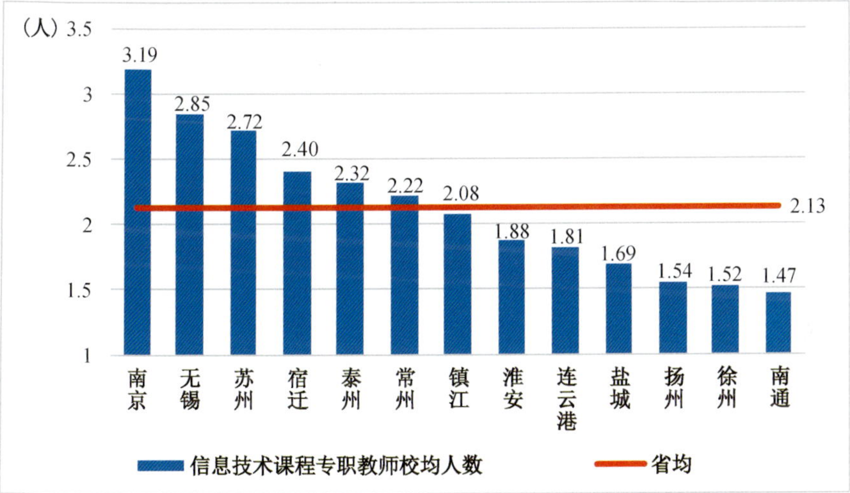

图 2－67　信息技术课程专职教师校均人数

各地市最近一年参加教育信息化校本培训的教师比例情况，如图 2－68 所示。镇江、南通、连云港等七个地市最近一年参加教育信息化校本培训的教师比例高于全省平均水平，其中镇江市最近一年参加教育信息化校本培训的教师比例最高，为 96.31％。淮安市最近一年参加教育信息化校本培训的教师比例相对较低，为 81.35％。

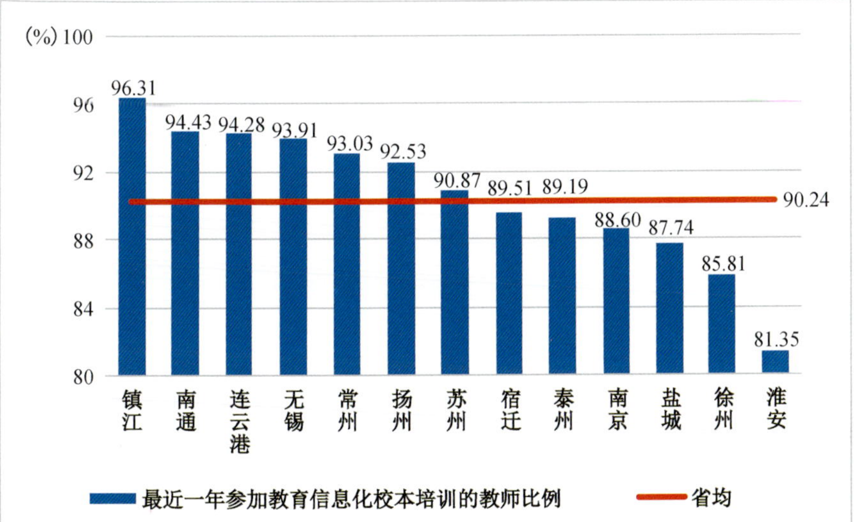

图 2－68　最近一年参加教育信息化校本培训的教师比例

3. 师生信息素养发展专项

《江苏教育信息化 2.0 行动计划》中指出要“提高教师信息素养及教学能力以及培养学生信息素养及创新能力”。《省教育厅关于实施江苏省中小学教师信息技术应用能力提升工程 2.0 的意见》中明确提出“教师需从信息知识厚积累、信息意识长提升、信息应用广拓展、信息伦理与安全有保障的角度出发，结合学科教学能力和专业自主发展能力，为学生全面而个性化的发展服务”。《江苏省“十四五”教育信息化发展专项规划》进一步将“提升师生信息素养”列为江苏省教育信息化发展的重要任务之一。为全面掌握江苏省教师和学生的信息素养发展现状，在组织调研的基础上，依据数据整理和分析结果总结此“2021 年度江苏省师生信息素养发展专项报告”。

3.1 教师信息素养发展情况

3.1.1 总体情况

江苏省教师信息素养评价分设信息意识、信息知识、信息应用、信息伦理和安全、专业发展五个维度。其中，信息意识维度包含信息认识、信息情感、信息意志三个方面；信息知识维度包含信息基础知识和信息技能知识两个方面；信息应用维度包含资源收集与处理、学情评测与分析、教学优化与创新、家校沟通与协同四个方面；信息伦理和安全包含信息伦理道德和网络安全两个方面；专业发展包含持续获取知识和专业能力成长两个方面。

从五大维度的得分来看，江苏省教师信息素养五大维度得分的情况如图 3 - 1 所示。江苏省教师在信息伦理和安全维度的水平最高，省均得分为 89.71 分；信息意识维度次之，省均得分为77.19分；信息应用的省均得分为76.87分；信息知识维度的省均得分为74.49分；专业发展维度的省均得分相对较低，为64.69分。

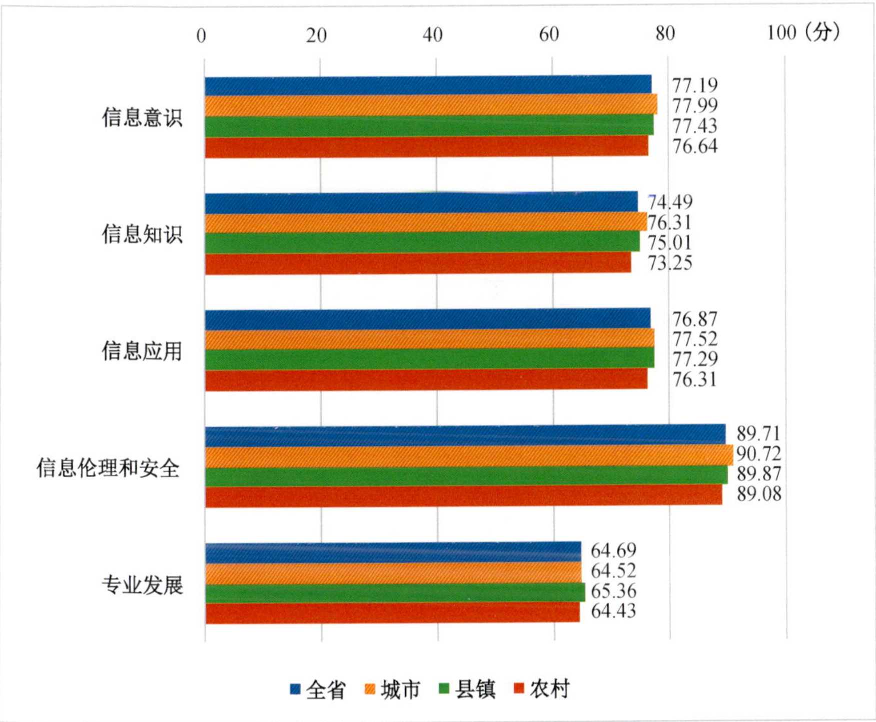

图3-1 江苏省教师信息素养五大维度得分情况

3.1.2 信息意识

3.1.2.1 信息认识

江苏省教师在信息认识维度的得分情况如图3-2所示。教师在"具备判断信息时效性的意识"方面的得分相对较高，省均得分为90.27分；其次是在"具备判断信息是否满足教学需求的意识"方面的得分，省均得分为85.91分；在"具备辨别信息真伪性的意识"方面的得分相对较低，省均得分为24.58分。对比信息认识维度下三方面的得分，发现城市学校教师在"具备判断信息是否满足教学需求的意识"和"具备辨别信息真伪性的意识"方面的得分均高于县镇学校和农村学校的教师，而在"具备判断信息时效性的意识"方面，城市、县镇和农村学校的老师得分相近，县镇学校老师得分略高于城市学校老师。

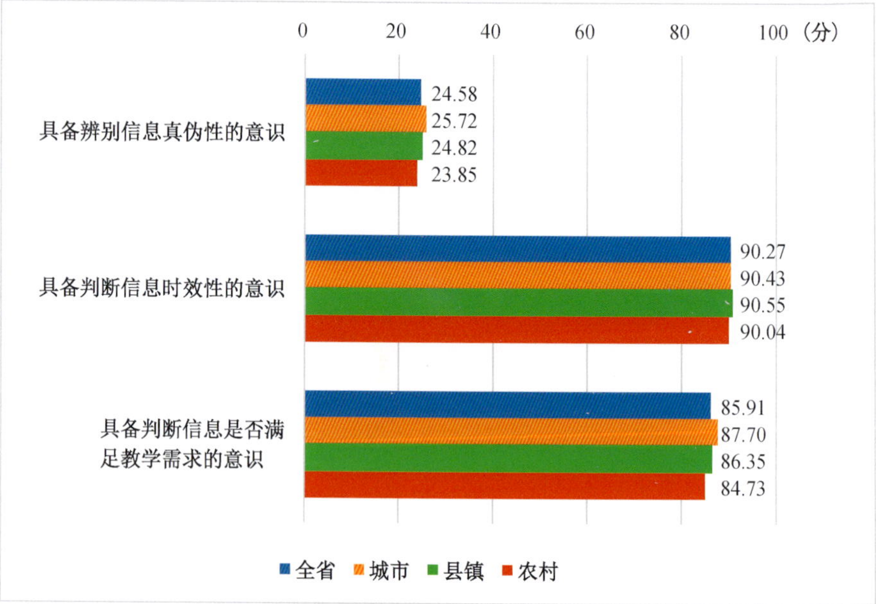

图3-2　信息认识维度各方面得分情况

3.1.2.2 信息情感

江苏省教师在信息情感维度的得分情况如图3-3所示。其中，教师在“理性看待信息技术应用于教育教学的利与弊”方面的得分相对较高，省均得分为92.78分；其次是在“愿意开展信息技术与学科教学融合创新的探索实践”方面的得分，省均得分为81.54分。通过对比信息情感维度下两个方面的得分，可以发现城市学校教师在这一维度的得分均高于县镇学校教师和农村学校教师。

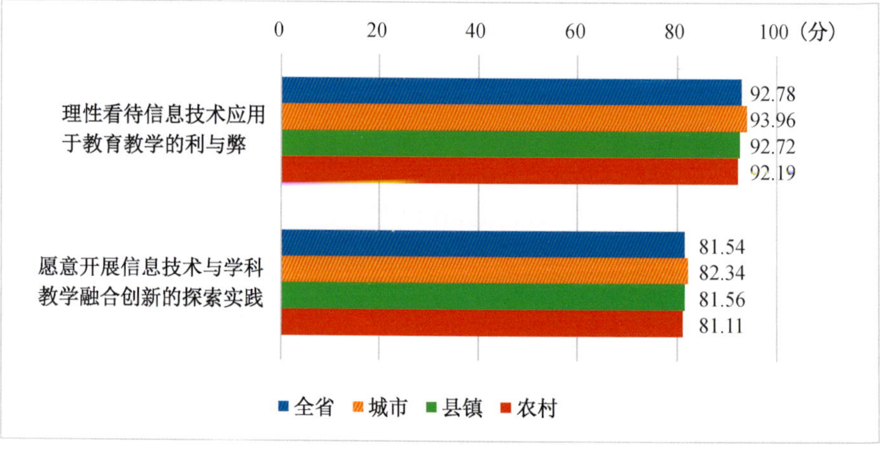

图3-3　信息情感维度各方面得分情况

3.1.2.3 信息意志

江苏省教师在信息意志维度的得分情况如图 3-4 所示。教师在“努力克服信息化教学活动中面临的困难和挑战”方面的得分相对较高，省均得分为 84.32 分；其次是在“具备常态化开展和改进信息化教学的主动性”方面，省均得分为 82.89 分。通过对比信息意志下两个方面的得分，可以发现县镇学校教师在这一维度的得分均高于城市学校和农村学校教师。

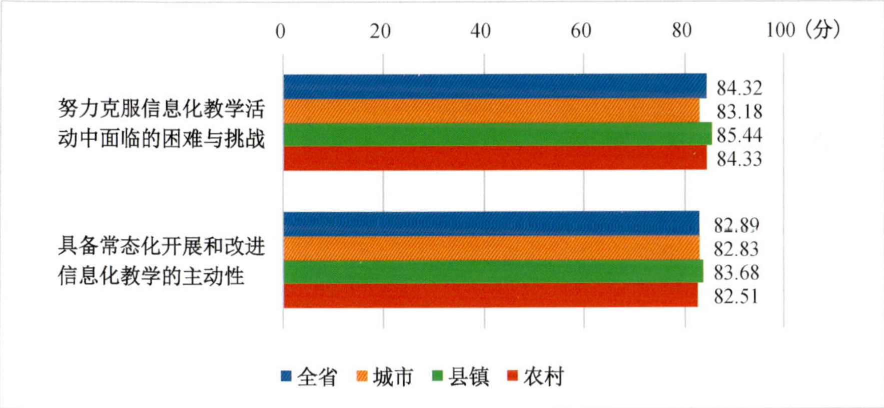

图 3-4　信息意志维度各方面得分情况

3.1.3 信息知识

3.1.3.1 信息基础知识

江苏省教师在信息基础知识维度的得分情况如图 3-5 所示。其中，教师在“了解信息安全基础知识和法律法规”方面的得分相对较高，省均得分为 92.93 分；其次是在“了解信息权利基础知识”方面的得分，省均得分为 89.52 分；教师在“了解信息技术基础知识及其在教育领域应用的现状”方面的得分相对较低，省均得分为 26.17 分。通过对比信息基础知识维度下三个方面的得分，可以发现县镇老师在“了解信息权利基础知识”和“了解信息技术基础知识及其在教育领域应用的现状”方面的得分均高于城市学校和农村学校教师，而城市学校教师在“了解信息安全基础知识和法律法规”方面的得分高于县镇学校和农村学校的教师。

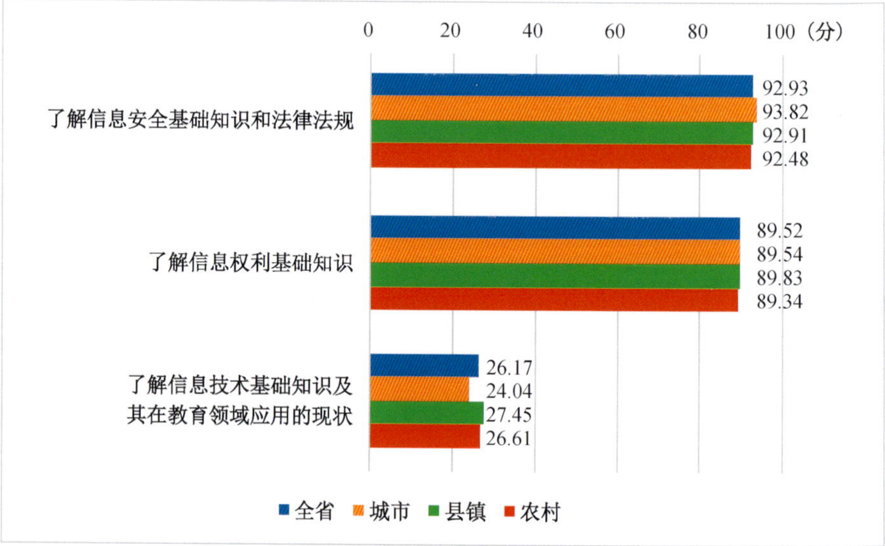

图 3－5　信息基础知识维度各方面得分情况

3.1.3.2 信息技能知识

江苏省教师在信息技能知识维度的得分情况如图 3－6 所示。其中，教师在“掌握日常办公、信息化教学相关软件系统的基本操作”方面的得分相对较高，省均得分为 77.14 分；其次是“掌握日常办公、信息化教学相关硬件设备的基本操作”方面的得分，省均得分为 76.28 分。通过对比信息技能知识下两个方面的得分，可以发现城市学校教师在这一维度的得分均高于县镇学校教师和农村学校教师。

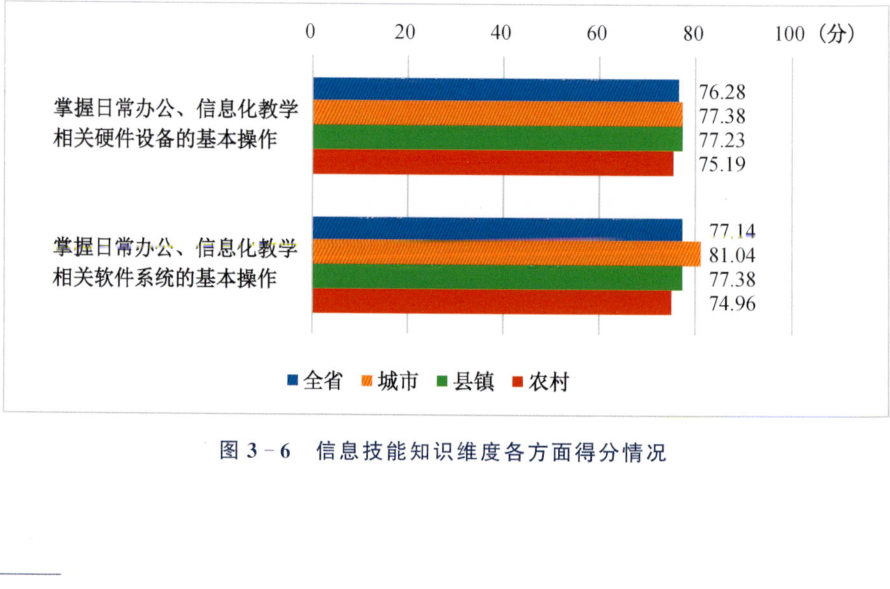

图 3－6　信息技能知识维度各方面得分情况

3.1.4 信息应用

3.1.4.1 资源收集与处理

江苏省教师在资源收集与处理维度的得分情况如图 3－7 所示。教师在“资源加工、处理与整合”方面的得分相对较高，省均得分为 82.43 分；其次是教师在“个人教学资源库搭建”方面的得分，省均得分为 77.36 分；教师在“资源获取和甄别”方面的得分相对较低，省均得分为 72.22 分。通过对比资源收集处理维度下三个方面的得分，可以发现城市学校教师在“资源加工、处理与整合”和“个人教学资源库搭建”方面的得分均高于县镇学校和农村学校的教师，而县镇学校老师在“资源获取和甄别”方面的得分高于城市学校和农村学校的教师。

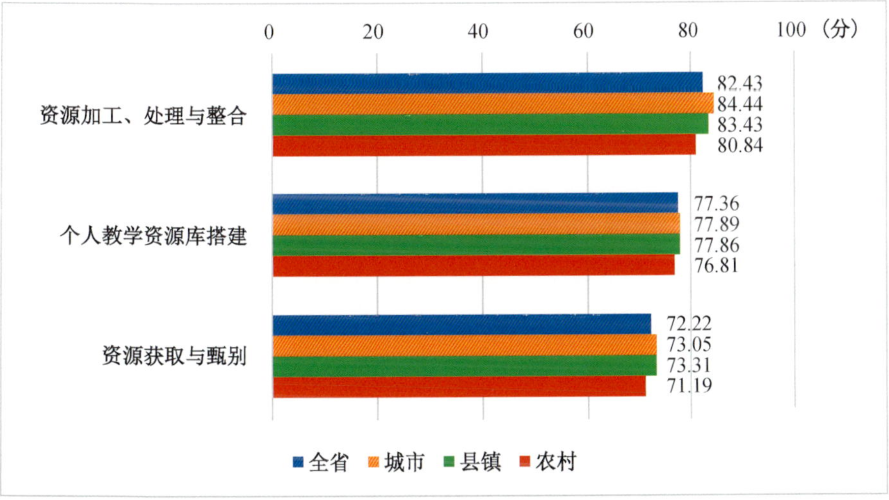

图 3－7 资源收集与处理维度各方面得分情况

3.1.4.2 学情评测与分析

江苏省教师在学情评测与分析维度的得分情况如图 3－8 所示。教师在“实施科学的教学评价”方面的得分相对较高，省均得分为 94.40 分；教师在“利用信息技术开展学情分析”方面的得分相对较低，省均得分为 64.60 分。通过对比学情评测与分析维度下两个方面的得分，可以发现城市学校教师在“实施科学的教学评价”方面的得分略高于县镇学校和农村学校的教师，而县镇学校教师在“利用信息技术开展学情分析”方面的得分高于城市学校和农村学校的教师。

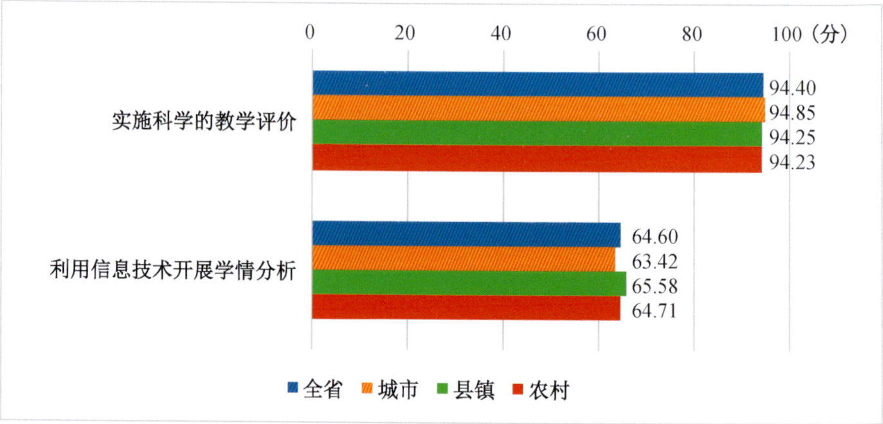

图 3-8　学情评测与分析维度各方面得分情况

3.1.4.3 教学优化与创新

江苏省教师在教学优化与创新维度的得分情况如图 3-9 所示。教师在“合理选用信息技术工具与资源”方面的得分相对较高，省均得分为 72.03 分；其次是在“基于学生反馈及时调整教学策略”方面的得分，省均得分为 64.81 分；教师在“开展信息化教学模式创新实践”方面的得分相对较低，省均得分为 63.18 分。通过对比教学优化与创新维度下三个方面的得分，可以发现在“基于学生反馈及时调整教学策略”方面，城市学校教师的均分要高于县镇学校和农村学校教师；而在“合理选用信息技术工具与资源”“开展信息化教学模式创新实践”方面，农村学校教师均分要高于城市学校和县镇学校的教师。

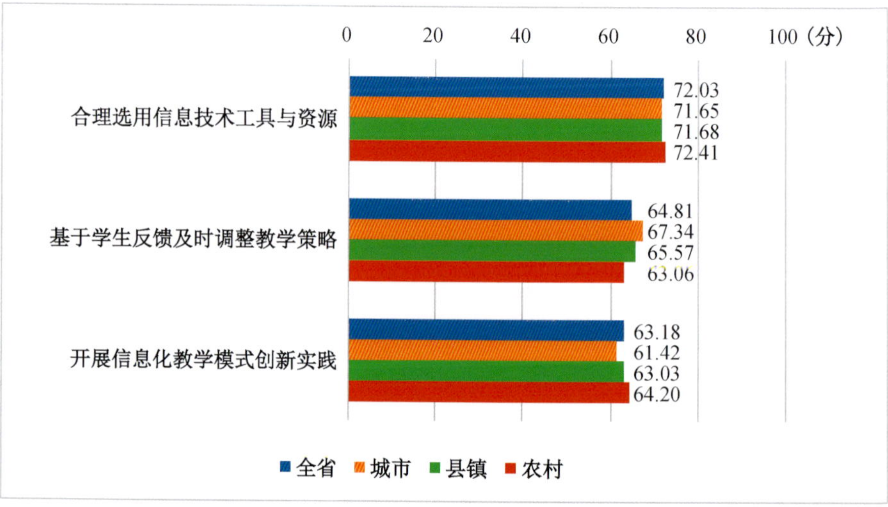

图 3-9　教学优化与创新维度各方面得分情况

3.1.4.4 家校沟通与协同

江苏省教师在家校沟通与协同维度的得分情况如图 3－10 所示。教师在“信息素养协同共育”方面的得分相对较高，省均得分为 91.74 分；在“开展有效的家校沟通”方面的省均得分为 84.06 分。通过对比家校沟通与协同维度下两个方面的得分，可以发现城市学校教师的得分均高于县镇学校和农村学校的教师。

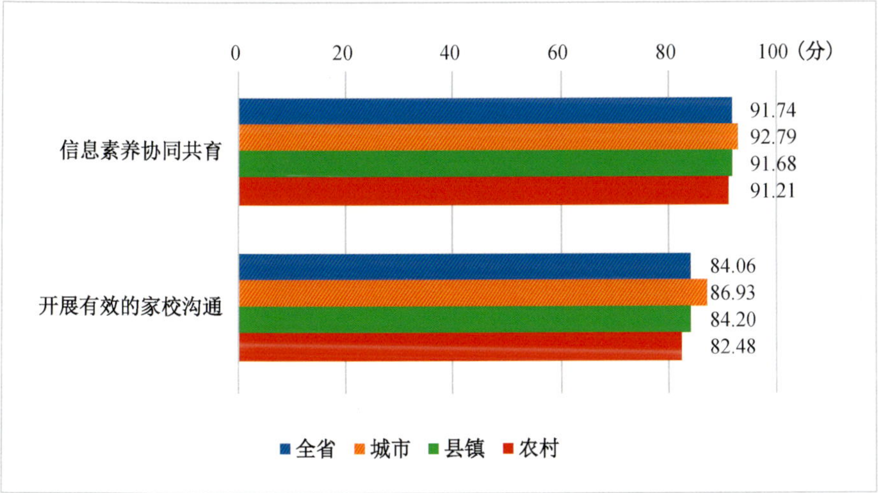

图 3－10 家校沟通与协同维度各方面得分情况

3.1.5 信息伦理和安全

3.1.5.1 信息伦理道德

江苏省教师在信息伦理道德维度的得分情况如图 3－11 所示。教师在“尊重与保护知识产权”方面的得分相对较高，省均得分为 89.01 分；在“在网络空间遵循基本道德准则”方面的省均得分为 84.65 分。通过对比信息伦理道德维度下两个方面的得分，可以发现城市学校教师的得分均高于县镇学校和农村学校的教师。

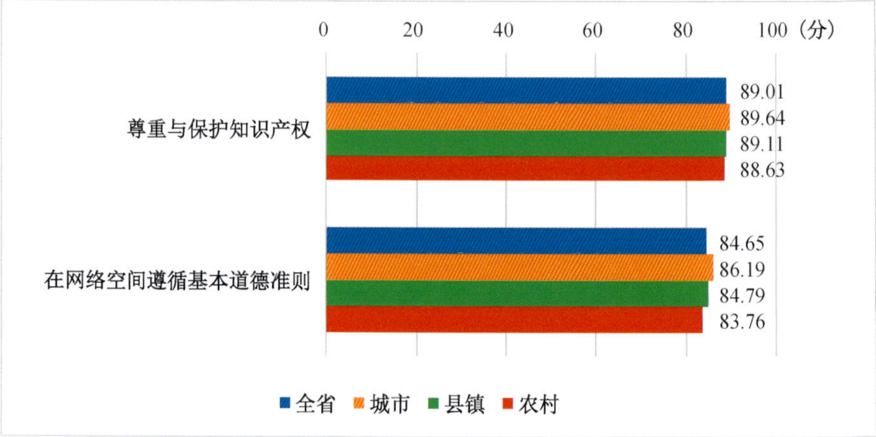

图3-11　信息伦理道德维度各方面得分情况

3.1.5.2 网络安全

江苏省教师在网络安全维度的得分情况如图3-12所示。教师在"合理合法收集、存储和使用他人信息"方面的得分相对较高，省均得分为93.13分；其次是在"做好病毒预防和数据备份"方面，省均得分为92.96分；在"不发布和传播违反法律法规的信息"方面的得分相对较低，省均得分为89.22分。通过对比网络安全维度下三个方面的得分，可以发现城市学校教师的得分均高于县镇学校和农村学校的教师。

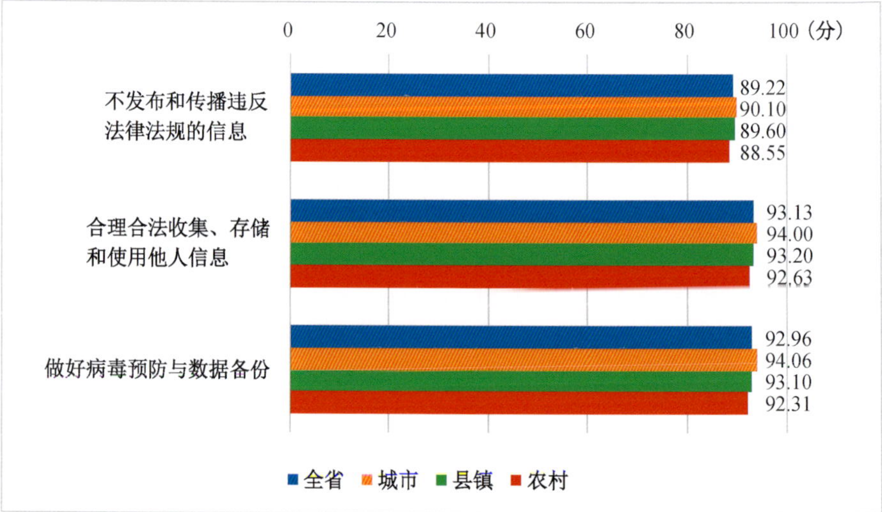

图3-12　网络安全维度各方面得分情况

3.1.6 专业发展

3.1.6.1 持续获取知识

江苏省教师在持续获取知识维度的得分情况，如图 3 - 13 所示。教师在“利用信息技术持续获取学科知识”方面的得分相对较高，省均得分为 82.89 分；在“不断积累信息化教学知识”方面的省均得分为 72.58 分。通过对比持续获取知识维度下两个方面的得分，可以发现在“利用信息技术持续获取学科知识”方面，城市学校教师的得分高于县镇学校和农村学校的教师；而在“不断积累信息化教学知识”方面，县镇学校老师得分相对较高，高于城市学校和农村学校的教师。

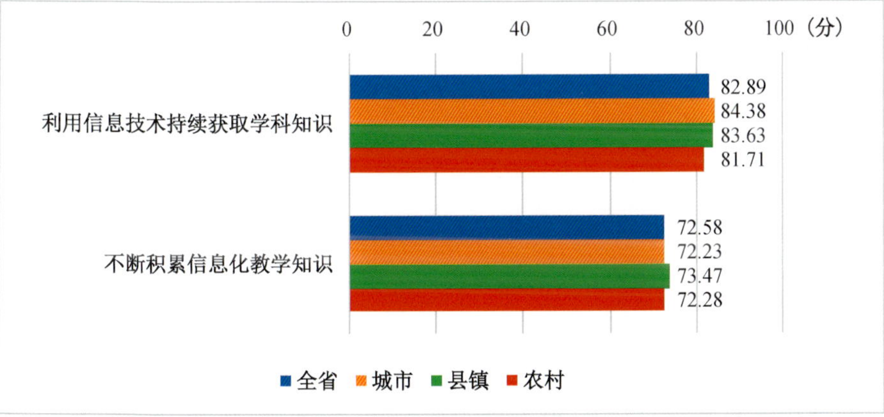

图 3 - 13　持续获取知识维度各方面得分情况

3.1.6.2 专业能力成长

江苏省教师在专业能力成长维度的得分情况，如图 3 - 14 所示。教师在“利用信息技术开展协同教研”方面的得分相对较高，省均得分为 73.80 分；其次是在“利用信息技术辐射影响力”方面，省均得分为 58.33 分；在“开展信息化教学研究”方面的得分相对较低，省均得分为 40.13 分。通过对比专业能力成长维度下三个方面的得分，可以发现在“利用信息技术开展协同教研”方面，城市学校教师的得分要高于县镇学校和农村学校的教师；在“开展信息化教学研究”和“利用信息技术辐射影响力”方面，县镇学校教师的得分要高于城市学校和农村学校的教师。

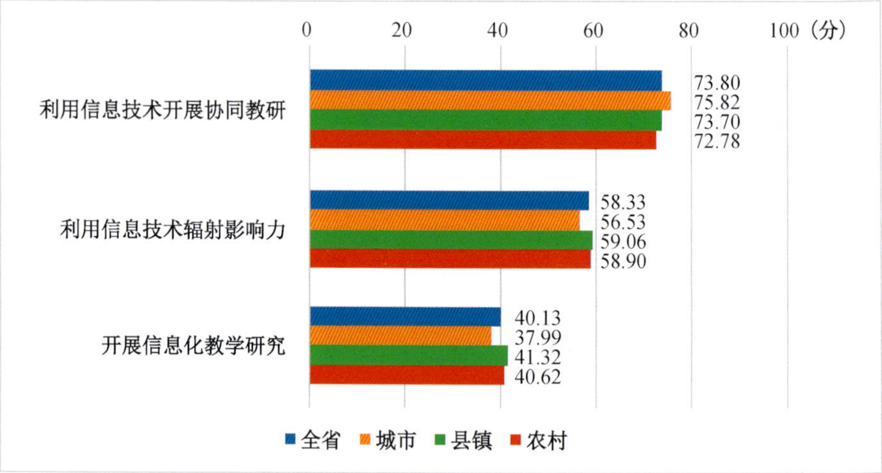

图 3－14　专业能力成长维度各方面得分情况

3.2 学生信息素养发展情况

3.2.1 总体情况

学生信息素养发展评价分设信息意识与认知、信息知识与技能、信息思维与行为、信息社会责任四个维度。其中，信息意识与认知包括信息感知意识、信息应用意识和信息安全意识三个方面；信息知识与技能包括信息科学知识、信息应用技能两个方面；信息思维与行为包括信息思维、信息行为两个方面；信息社会责任包括信息道德伦理、信息法律法规两个方面。

江苏省学生信息素养的各维度得分如图 3－15 所示。整体来看，小学生和中学生在信息道德伦理方面的表现均相对较好。具体来说，小学生在信息道德伦理方面的得分最高，为 83.18 分，且在信息应用意识、信息安全意识、信息法律法规方面得分都高于 80 分；而在信息应用技能和信息行为两方面的得分则相对较低，分别为 58.14 分和 60.26 分。中学生在信息道德伦理方面的表现相对较好，得分为 80.75 分；其次是在信息法律法规、信息安全意识和信息感知意识方面，得分均在 70 分以上；中学生在信息应用技能和信息应用意识方面表现相对较差，得分分别为 55.96 分和 55.23 分。

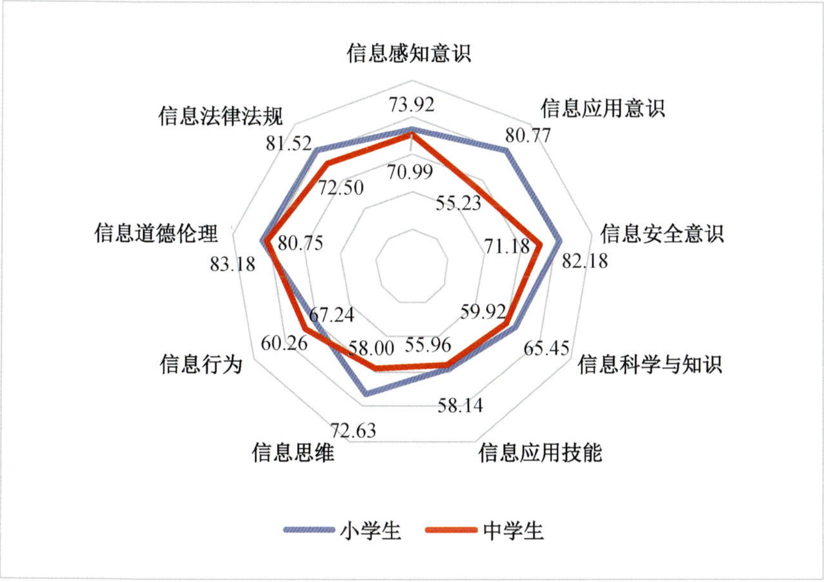

图 3－15　江苏省学生信息素养各维度得分情况

3.2.2 信息意识与认知

3.2.2.1 信息感知意识

小学生在信息感知意识维度的得分情况如图 3－16 所示。江苏省小学生的信息感知意识平均得分为 73.92 分。就性别这一组别而言，男生和女生的信息感知意识所得分数略有差距，女生在这一维度的得分相对较高，为 74.74 分，高于全省平均水平，而男生得分为 73.21 分，略低于全省平均水平。就年级这一组别而言，五年级学生在这一维度得分相对较高，为 74.07 分，高于全省平均水平，而四年级和六年级学生在这一维度的得分分别为 68.00 分和 69.04 分，低于全省平均水平。

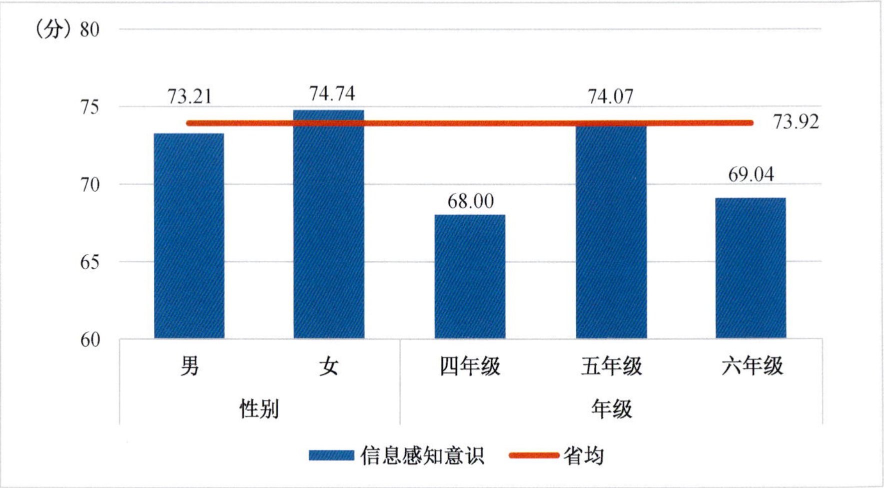

图 3－16　小学生信息感知意识情况

中学生在信息感知意识维度的得分情况如图 3－17 所示。江苏省中学生的信息感知意识平均得分为 70.99 分。就性别这一组别而言,女生在这一维度的得分相对较高,为 71.88 分,高于全省平均水平,而男生得分为 70.19 分,略低于全省平均水平。就年级这一组别而言,高中学生在这一维度表现良好,得分整体高于初中学生得分,高一、高二、高三学生在这一维度的得分为 76.30 分、78.66 分、75.84 分,均高于全省平均水平;而初一和初三学生在这一维度的得分为 64.24 分和 63.58 分,均低于全省平均水平,初二学生在这一维度的得分为 71.21,高于全省平均水平。

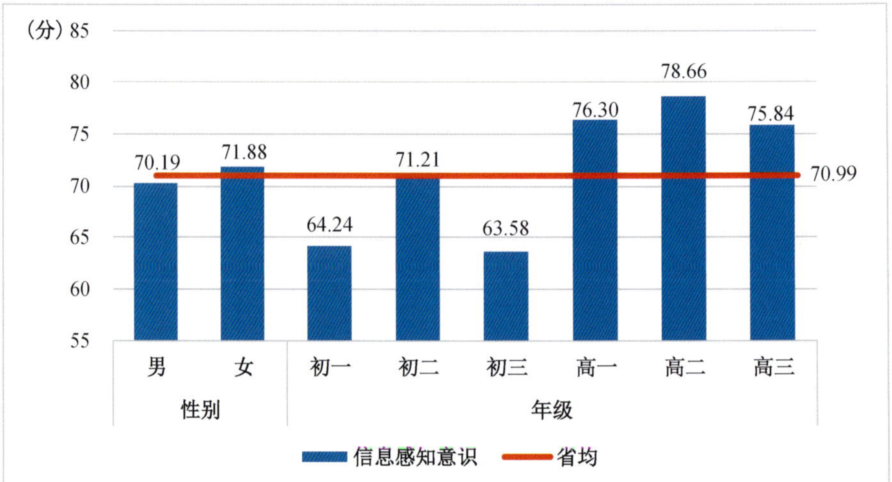

图 3－17　中学生信息感知意识情况

3.2.2.2 信息应用意识

小学生在信息应用意识维度的得分情况如图 3－18 所示。江苏省小学生的信息应用意识平均得分为 80.77 分。就性别这一组别而言，女生在这一维度的得分为 81.52 分，高于全省平均水平；而男生在这一维度的得分为 80.10 分，略低于全省平均水平。就年级这一组别而言，五年级学生在这一维度的得分为 80.88，略高于全省平均水平；而四年级和六年级学生在这一维度的得分分别为 77.32 和 75.40，低于全省平均水平。

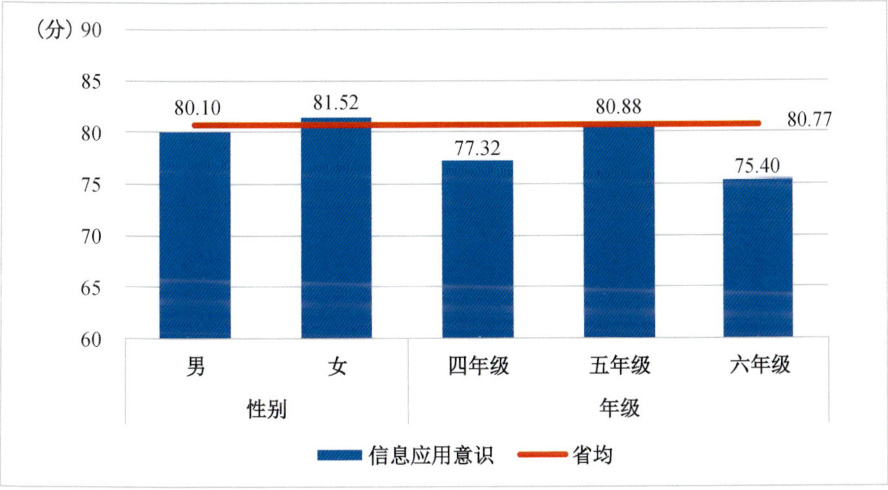

图 3－18　小学生信息应用意识情况

中学生在信息应用意识维度的得分情况如图 3－19 所示。江苏省中学生的信息应用意识平均得分为 55.23 分。就性别这一组别而言，女生在这一维度上的得分为 56.07 分，高于全省平均水平，而男生在这一维度上的得分为 54.47 分，低于全省平均水平。就年级这一组别而言，初中学生中，仅初二学生在这一维度上的得分为 55.60 分，略高于全省平均水平，而初一、初三学生在这一维度上的得分为 47.21 分和 42.54 分，均低于全省平均水平；高中学生中，高一、高二学生在这一维度上的得分高于全省平均水平，分别为 58.28 分和 59.06 分，而高三学生在这一维度上的得分为 53.05 分，低于全省平均水平。

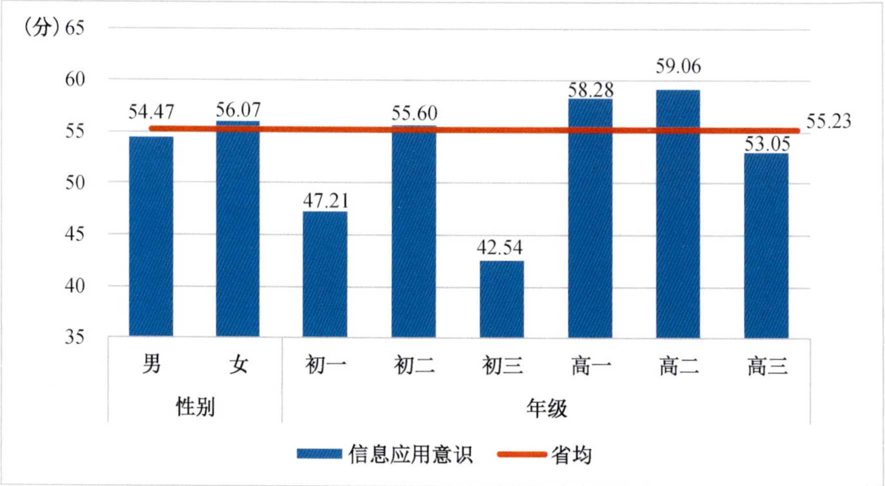

图 3－19　中学生信息应用意识情况

3.2.2.3 信息安全意识

小学生在信息安全意识维度的得分情况如图 3－20 所示。江苏省小学生的信息安全意识平均得分为 82.18 分。就性别这一组别而言，男生在信息安全意识方面的得分相对较低，为 81.79 分，而女生在信息安全意识方面的得分高于全省平均水平，为 82.64 分。就年级这一组别而言，五年级学生在这一维度得分相对较高，为 82.32 分，高于全省平均水平，而四年级和六年级学生在这一维度的得分分别为 79.07 分和 75.32 分，低于全省平均水平。

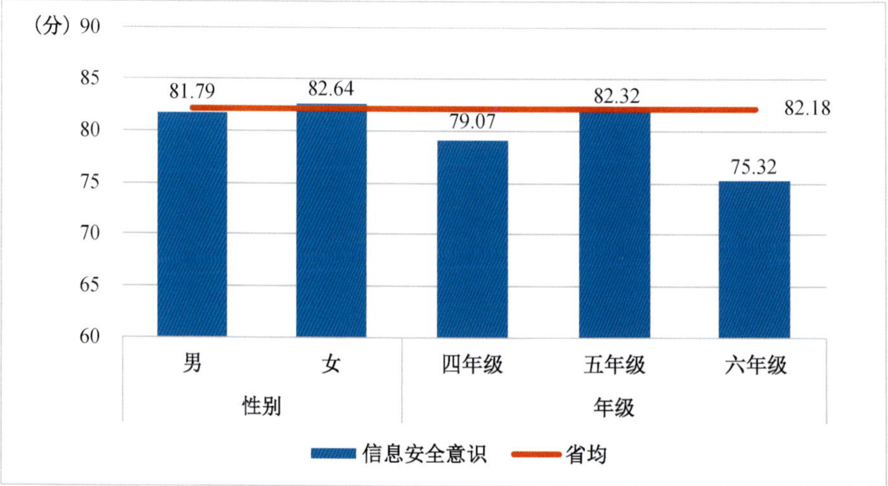

图 3－20　小学生信息安全意识情况

中学生在信息安全意识维度的得分情况如图 3－21 所示。江苏省中学生的信息安全意识平均得分为 71.18 分。就性别这一组别而言，男生的信息安全意识得分为 69.19 分，而女生相对较高，为 73.39 分。就年级这一组别而言，高中学生表现良好，高一、高二、高三学生分别为 75.33 分、78.19 分和 74.69 分，均高于全省平均水平；而在初中学生中，仅初二学生在这一维度上的得分为 71.35 分，略高于全省平均水平，初一、初三学生在这一维度上的得分为 65.93 分和 64.30 分，均低于全省平均水平。

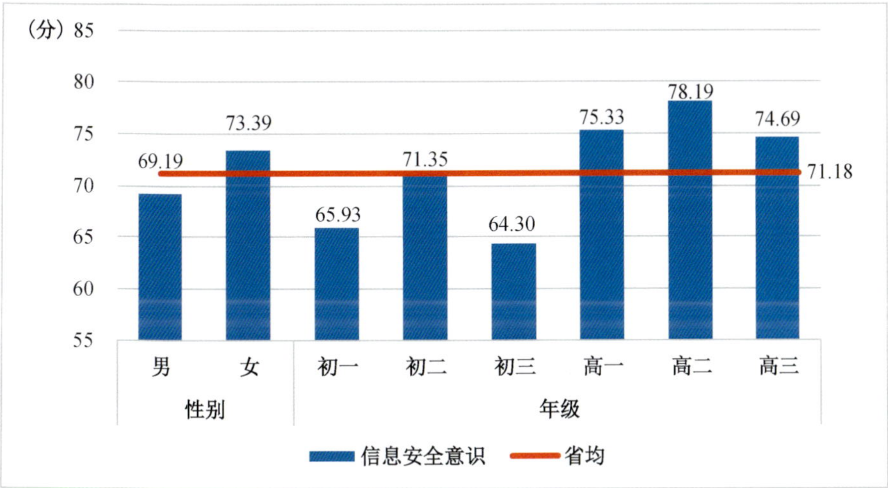

图 3－21　中学生信息安全意识情况

3.2.3 信息知识与技能

3.2.3.1 信息科学知识

小学生在信息科学知识维度的得分情况如图 3－22 所示。江苏省小学生的信息科学知识平均得分为 65.45 分。就性别这一组别而言，男生在这一维度上的得分为 65.25 分，略低于全省平均水平，女生在这一维度上的得分为 65.69 分，略高于全省平均水平。就年级这一组别而言，五年级学生在这一维度得分相对较高，为 65.66 分，略高于全省平均水平，而四年级和六年级学生的得分分别为 56.97 分和 58.35 分，低于全省平均水平。

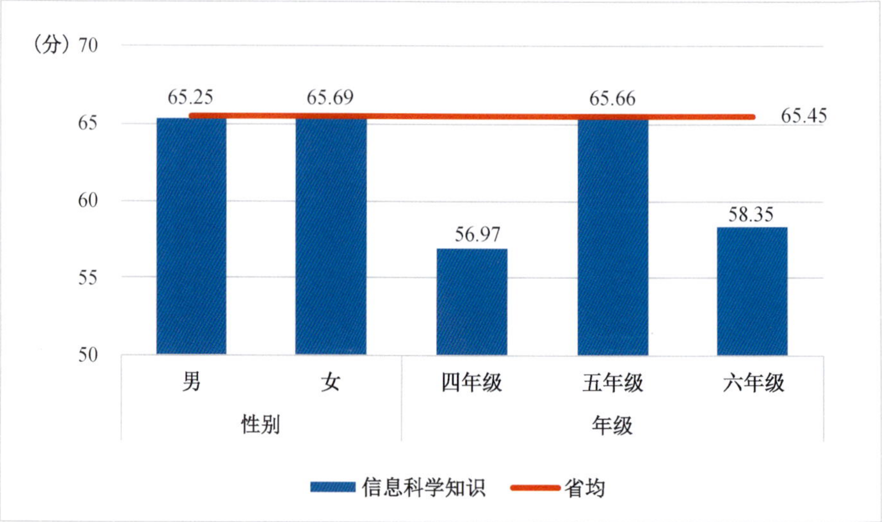

图 3－22　小学生信息科学知识情况

中学生在信息科学知识维度的得分情况如图 3－23 所示。江苏省中学生的信息科学知识平均得分为 59.92 分。就性别这一组别而言，男生在这一维度的得分为 58.81 分，略低于全省平均水平，而女生在这一维度上的得分为 61.15 分，高于全省平均水平。就年级这一组别而言，高中学生在这一维度表现良好，得分整体高于初中学生得分，初中学生中，仅初二学生在这一维度上的得分为 60.19 分，略高于全省平均水平，而初一、初三学生在这一维度上的得分为 52.29 分和 49.44 分，均低于全省平均水平；高中学生在这一维度上的得分高于全省平均水平，高一、高二、高三学生分别为 60.60 分、71.94 分和 77.74 分。

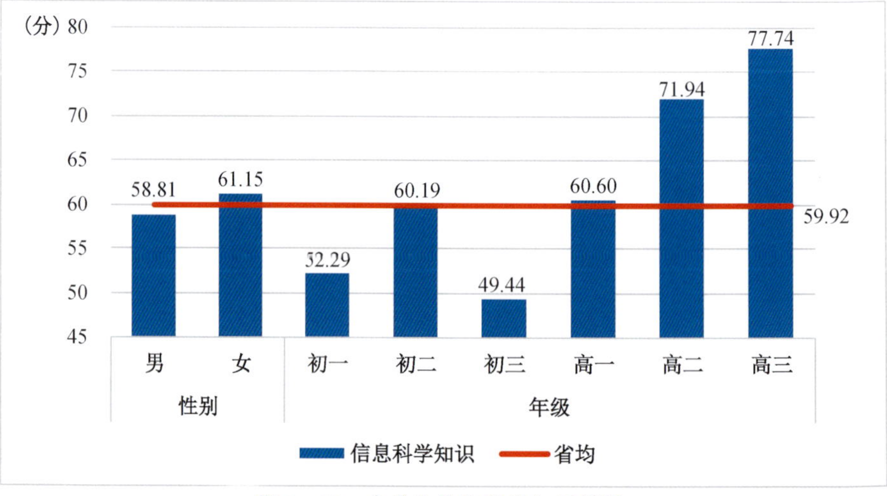

图 3－23　中学生信息科学知识情况

3.2.3.2 信息应用技能

小学生在信息应用技能维度的得分情况如图 3-24 所示。江苏省小学生的信息应用技能平均得分为 58.14 分。就性别这一组别而言，男生在信息应用技能这一方面的得分略低于女生，为 57.96 分，女生得分为 58.35 分。就年级这一组别而言，五年级学生在这一维度得分相对较高，为 58.39 分，略高于全省平均水平，而四年级和六年级学生在这一维度的得分分别为 49.86 分和 47.65 分，低于全省平均水平。

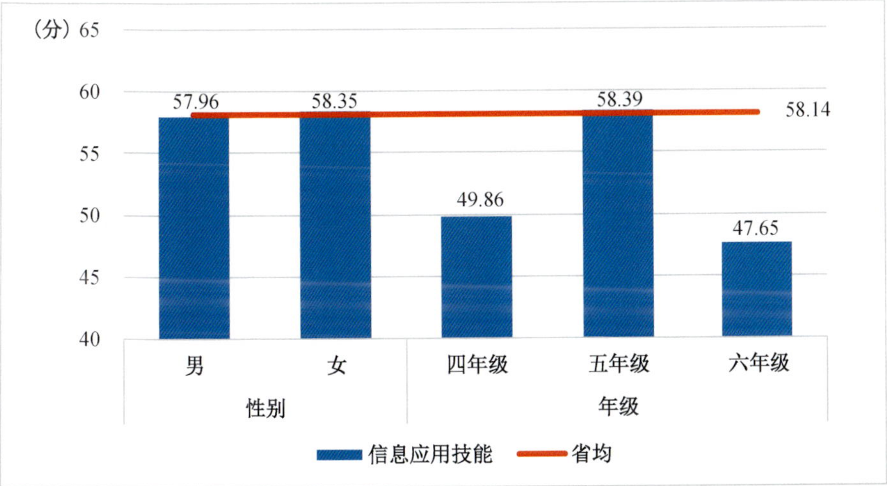

图 3-24 小学生信息应用技能情况

中学生在信息应用技能维度的得分情况如图 3-25 所示。江苏省中学生的信息应用技能平均得分为 55.96 分。就性别这一组别而言，女生的信息应用技能得分略高于全省平均水平，为 57.46 分，男生在这一维度的得分为 54.61 分，略低于全省平均水平。就年级这一组别而言，高中学生在这一维度表现良好，得分整体高于初中学生得分，初中学生中，仅初二学生在这一维度上的得分略高于全省平均水平，为 56.32 分，而初一、初三学生在这一维度上的得分为 46.94 分和 39.27 分，均低于全省平均水平；高中学生在这一维度上的得分高于全省平均水平，高一、高二、高三学生分别为 57.05 分、65.55 分和 78.09 分。

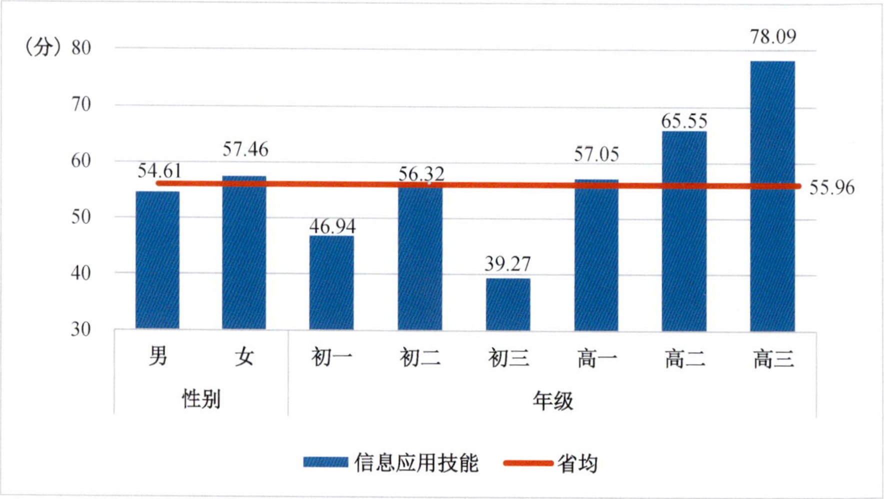

图 3－25　中学生信息应用技能情况

3.2.4 信息思维与行为

3.2.4.1 信息思维

小学生在信息思维维度的得分情况如图 3－26 所示。江苏省小学生的信息思维平均得分为 72.63 分。就性别这一组别而言，男生在这一维度上的得分略低于女生的得分，为 72.19 分，女生得分为 73.13 分。就年级这一组别而言，五年级学生在这一维度得分相对较高，为 72.77 分，略高于全省平均水平，而四年级和六年级学生在这一维度的得分分别为 65.43 分和 69.11 分，低于全省平均水平。

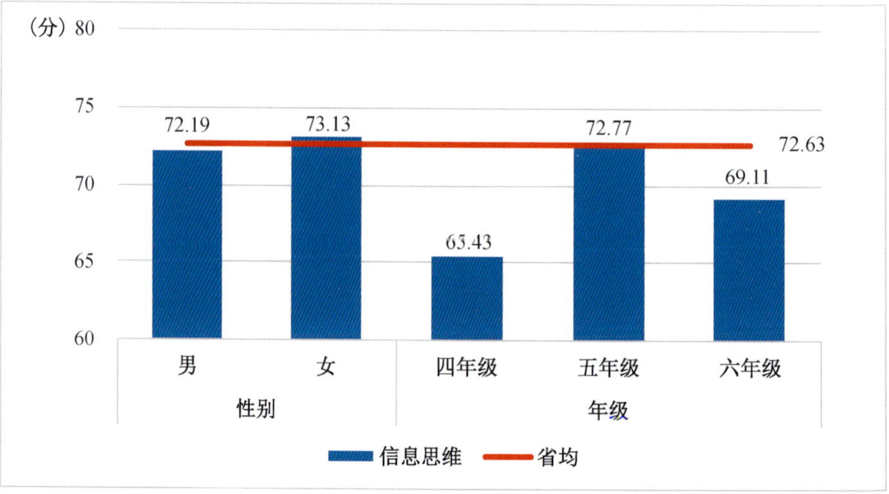

图 3－26　小学生信息思维情况

中学生在信息思维维度的得分情况如图 3-27 所示。江苏省中学生的信息思维平均得分为 58.00 分。就性别这一组别而言,女生在该维度的得分相对较高,为 59.40 分,高于全省平均水平,男生在这一维度的得分为 56.74 分,低于全省平均水平。就年级这一组别而言,高中学生的得分整体高于初中学生得分,且高于全省平均水平,高一、高二、高三学生分别为 58.88 分、62.90 分和 73.27 分;而初中学生中仅初二学生的得分略高于全省平均水平,为 58.35 分,初一、初三学生的得分为 49.96 分和 44.06 分。

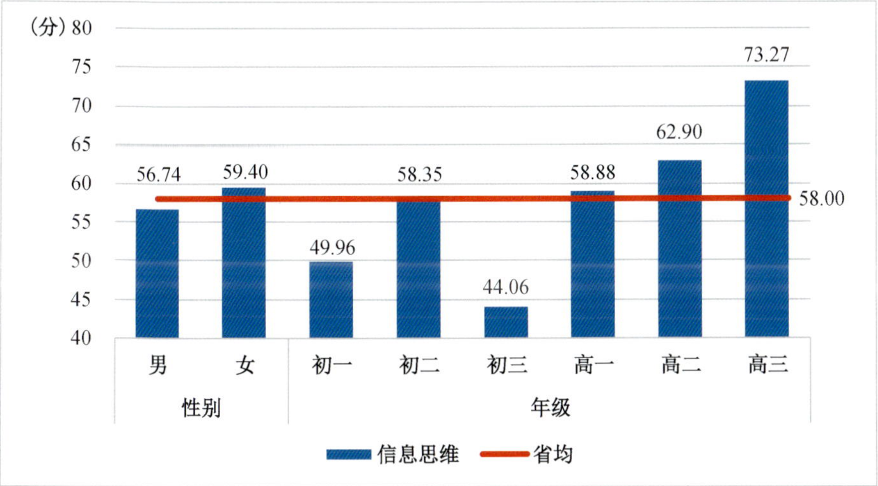

图 3-27 中学生信息思维情况

3.2.4.2 信息行为

小学生在信息行为维度的得分情况如图 3-28 所示。江苏省小学生的信息行为平均得分为 60.26 分。就性别这一组别而言,男生在信息行为方面表现相对较好,得分为 60.39 分,女生在这一维度上的得分为 60.11 分,略低于全省平均水平。就年级这一组别而言,五年级学生在这一维度得分相对较高,为 60.39 分,略高于全省平均水平,而四年级和六年级学生在这一维度的得分分别为 52.56 分和 58.05 分,低于全省平均水平。

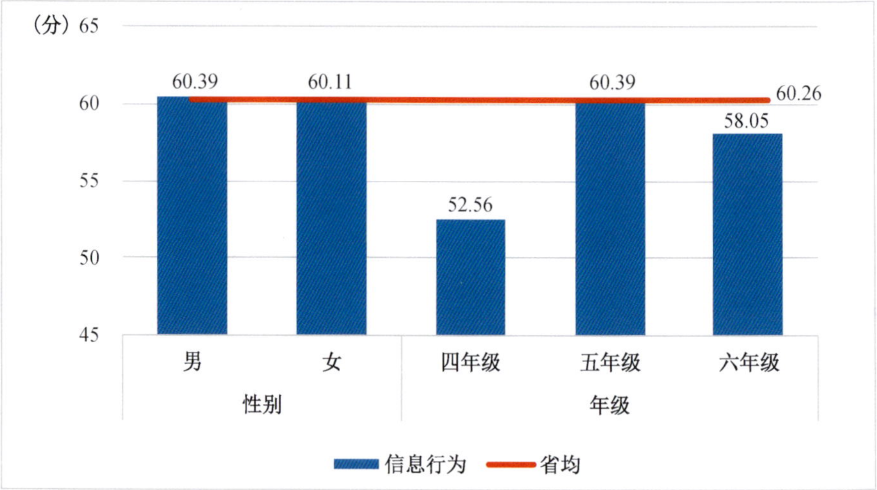

图 3-28　小学生信息行为情况

中学生在信息行为维度的得分情况如图 3-29 所示。江苏省中学生的信息行为平均得分为 67.24 分。就性别这一组别而言,女生在这一维度上的得分略高,为 67.76 分,而男生在这一维度上的得分低于全省平均水平,为 66.78 分。就年级这一组别而言,高中学生在这一维度的得分整体高于初中学生得分,高中学生在这一维度上表现良好,得分高于全省平均水平,高一、高二、高三学生分别为 70.04 分、69.94 分和 76.02 分;而初中学生中仅初二学生在这一维度上的得分略高于全省平均水平,为 67.37 分,初一、初三学生在这一维度上的得分为 63.37 分和 61.85 分,均低于全省平均水平。

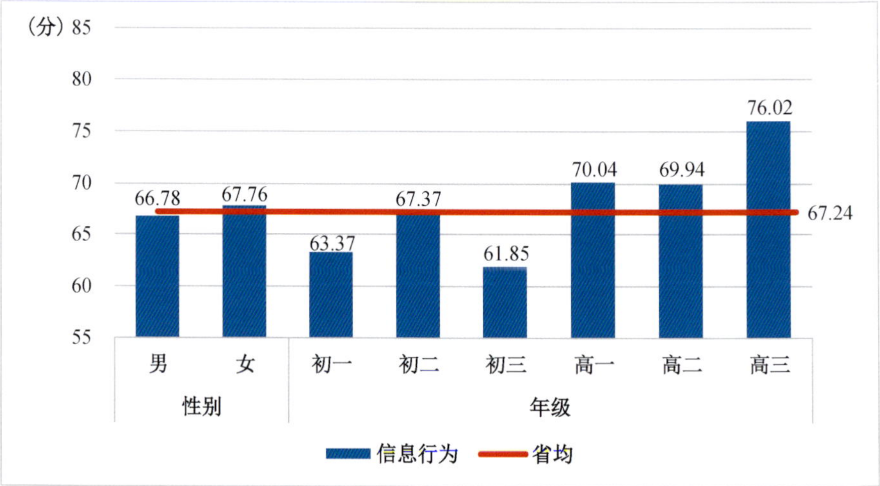

图 3-29　中学生信息行为情况

3.2.5 信息社会责任

3.2.5.1 信息道德伦理

小学生在信息道德伦理维度的得分情况如图 3－30 所示。江苏省小学生的信息道德伦理平均得分为 83.18 分。就性别这一组别而言，男生在信息道德伦理这一方面的得分低于女生，为 82.44 分，女生得分为 84.03 分，高于全省平均水平。就年级这一组别而言，五年级学生在这一维度得分相对较高，为 83.29 分，略高于全省平均水平，而四年级和六年级学生在这一维度的得分分别为 78.55 分和 79.55 分，低于全省平均水平。

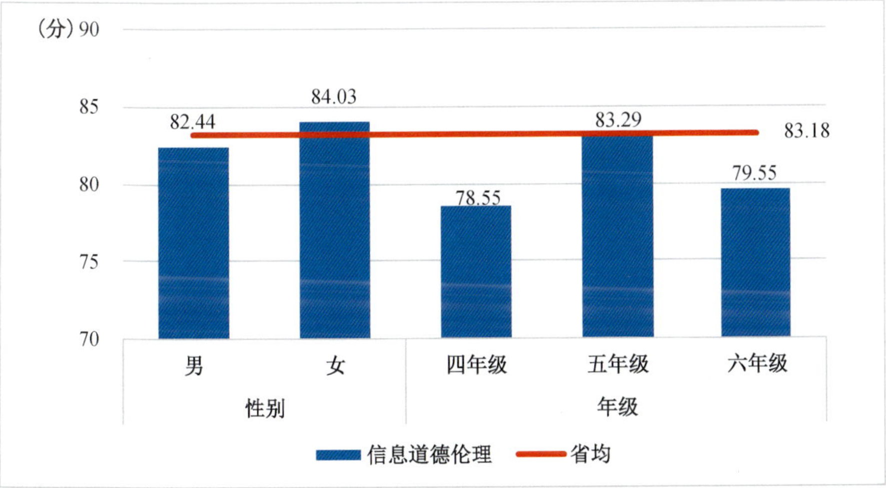

图 3－30　小学生信息道德伦理情况

中学生在信息道德伦理维度的得分情况如图 3－31 所示。江苏省中学生的信息道德伦理平均得分为 80.75 分。就性别这一组别而言，男生和女生在这一维度的得分差别较明显，其中女生的得分相对较高，为 84.16 分，而男生的得分为 77.70 分，低于全省平均水平。就年级这一组别而言，高中学生在这一维度上表现良好，得分高于全省平均水平，也高于初中学生得分，高一、高二、高三学生分别为 84.11 分、83.68 分和 83.76 分；而初中学生中仅初二学生在这一维度上的得分略高于全省平均水平，为 80.98 分，初一、初三学生在这一维度上的得分为 74.81 分和 74.53 分，均低于全省平均水平。

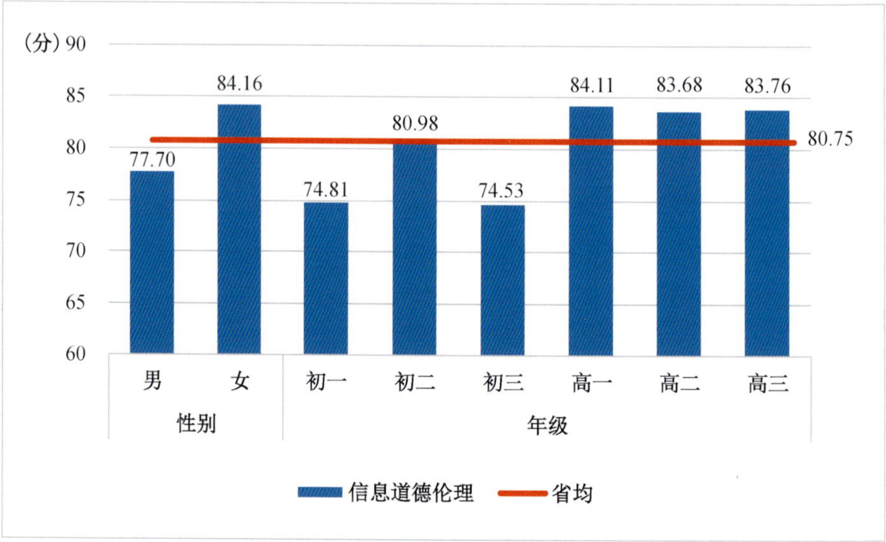

图 3 - 31 中学生信息道德伦理情况

3.2.5.2 信息法律法规

小学生在信息法律法规维度的得分情况如图 3 - 32 所示。江苏省小学生的信息法律法规平均得分为 81.52 分。就性别这一组别而言，男生在这一方面的得分相对较低，为 80.90 分，女生得分为 82.22 分，高于全省平局水平。就年级这一组别而言，五年级学生得分为 81.62 分，高于四年级、六年级学生得分，略高于全省平均水平，而四年级和六年级学生在这一维度的得分分别为 76.48 分和 78.39 分，低于全省平均水平。

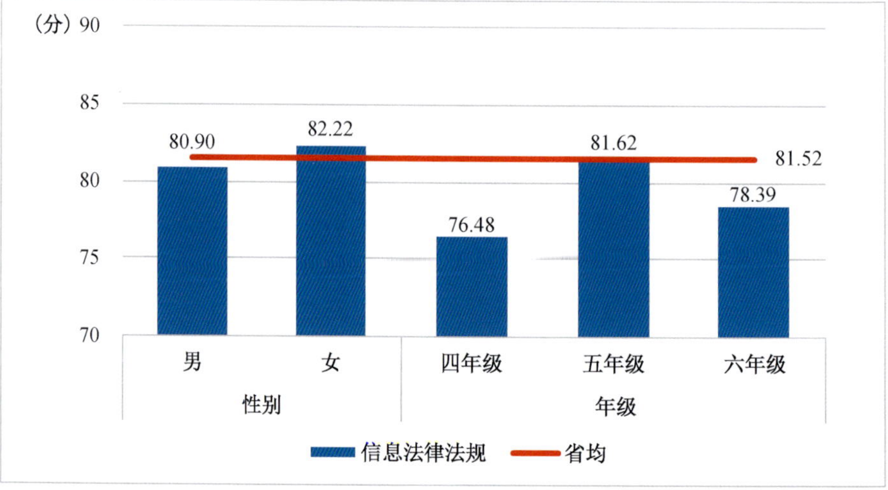

图 3 - 32 小学生信息法律法规情况

中学生在信息法律法规维度的得分情况如图 3－33 所示。江苏省中学生的信息法律法规平均得分为 72.50 分。就性别这一组别而言，男生的得分为 69.32 分，低于全省平均水平，而女生的得分为 76.05 分，高于全省平均水平。就年级这一组别而言，高中学生表现良好，得分高于全省平均水平和初中学生得分，高一、高二、高三学生分别为 74.56 分、77.04 分和 77.75 分；而初中学生中仅初二学生的得分略高于全省平均水平，为 72.77 分，初一、初三学生的得分为 65.78 分和 64.95 分，均低于全省平均水平。

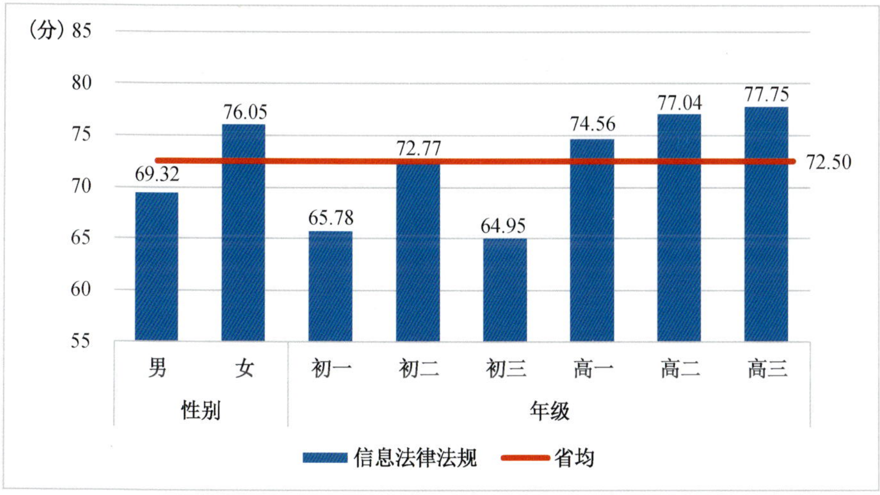

图 3－33　中学生信息法律法规情况

4. 网络安全发展专项

网络安全是教育信息化推进过程中需要重点关注的内容之一，网络安全建设的效果将直接影响教育信息化发展的高度。江苏省高度重视教育信息化和网络安全发展，《江苏省"十四五"教育信息化发展专项规划》中进一步强调了需要"强化教育网络安全保障"。为深入了解全省各地教育网络安全建设情况，及时发现网络安全建设过程中出现的新情况，精准诊断全省教育网络安全发展问题及发展脉络，更好地统筹指导全省教育网络安全工作，整理总结此"2021年度江苏省教育网络安全发展专项报告"。

4.1 总体情况

在信息化背景环境下，大数据、云计算、人工智能等技术日趋成熟，信息化对人类的生活及学习方式等都带来了巨大的改变。同时随着信息技术迅猛发展，网络安全问题日显突出，在一定程度上制约着教育事业的健康发展，特别是直接影响着学校的教学活动和学生的个人隐私安全。基于此，江苏省各设市区中小学从网络安全人员配置、制度管理、培训、经费投入、信息系统等级保护等方面都进行了优化，积极开展网络安全工作，完善信息系统建设，旨在从整体上提高校园的信息化网络安全防护能力。

在网络安全工作组织机构建设方面，全省98.88%的中小学建立了网络安全工作领导机构并明确了第一责任人，98.60%的中小学已确定网络安全工作联络员，校均拥有2.31名网络安全管理从业人员，校均具有国家认定资质的网络安全管理从业人员0.52名。

在网络安全管理制度方面，全省98.43%的中小学建立了内部网络安全管理制度，92.50%的中小学修订并发布了本年度网络安全管理制度。

在网络安全教育培训方面，全省中小学校均内部组织 4.29 次网络安全教育培训，校均参加非学校内部组织的网络安全工作培训 11.39 人次。

在信息系统方面，全省中小学校均拥有 1.57 个信息系统。其中，14.02%的信息系统未进行等保定级，17.42%的信息系统属于等级保护一级系统，11.05%的信息系统属于等级保护二级系统，5.42%的信息系统属于等级保护三级系统，3.92%的信息系统属于等级保护四级及以上系统。44.15%的信息系统完成了等级保护测评工作，36.51%的信息系统完成了等级保护整改工作。

在经费投入方面，全省教育网络安全建设经费总投入占信息化经费总投入的 30.14%。其中，硬件设备经费投入占比 52.57%，人员及服务经费投入占比 20.91%，软件经费投入占比 19.89%。

在上网管理方面，全省 91.27%的中小学配备了统一上网管理系统，87.67%的中小学校园网络已实行实名制上网。

综上所述，江苏省中小学在网络安全工作组织机构建设和网络安全管理制度方面的工作取得了较好的成果。同时，江苏省各设区市中小学在网络安全教育培训和信息系统的等保定级方面有待进一步完善，并要注重对网络安全相关经费的合理投入与分配，确保软、硬件和服务的均衡发展。

4.2 网络安全发展概况

4.2.1 网络安全工作人员保障

江苏省中小学网络安全工作领导机构建立情况如图 4－1 所示。截至 2021 年底，全省 98.88%的中小学建立了网络安全工作领导机构并且明确了第一责任人。其中，农村学校占比最高，为 99.09%；其次是县镇学校，占比为 98.99%；城市学校占比相对较低，为 98.35%。

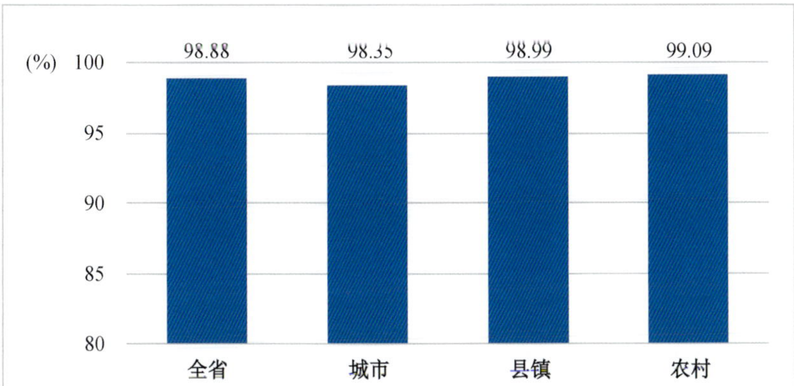

图 4－1　建立网络安全工作领导机构并明确第一责任人的学校比例

江苏省中小学网络安全工作联络员情况如图 4－2 所示。截至 2021 年底，全省 98.60％的中小学拥有网络安全工作联络员。其中，农村学校占比高于全省平均水平，为 98.74％；城市学校和县镇学校占比均略低于全省平均水平，分别为 98.42％和 98.53％。

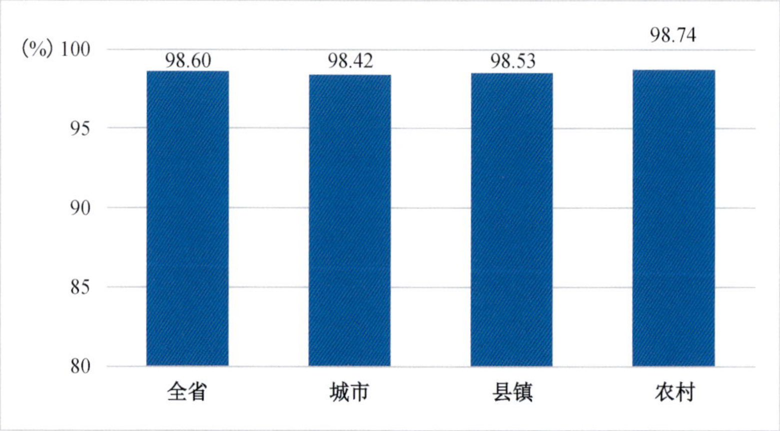

图 4－2　确定网络安全工作联络员的学校比例

江苏省中小学网络安全管理从业人员情况如图 4－3 所示。截至 2021 年底，江苏省校均拥有网络安全管理从业人员 2.31 名，具有国家认定资格的网络安全从业人员校均数量为 0.52 名。城市和县镇中小学校拥有网络安全管理人员数量以及国家认定资格的网络安全从业人员数量均高于全省平均水平。

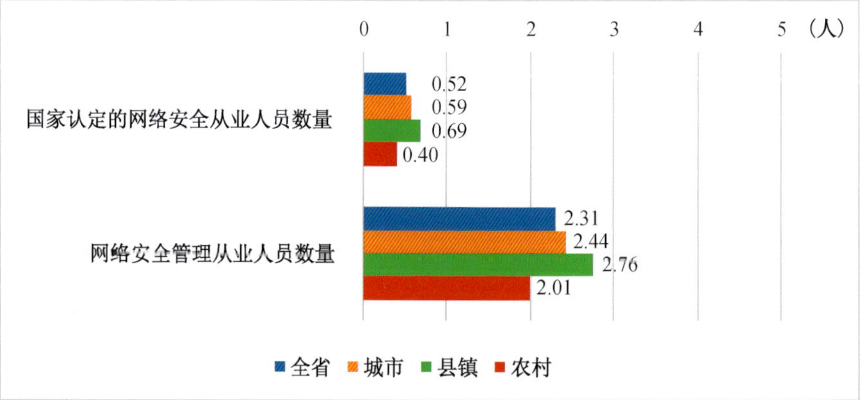

图 4－3　网络安全管理从业人员数量

4.2.2 网络安全管理制度

江苏省中小学网络安全管理制度建立情况如图 4－4 所示。截至 2021 年底，全省 98.43％的学校已经建立内部网络安全管理制度。其中，农村学校占比最高，为 98.50％；城市学校和县镇学校占比略低于全省平均水平，分别为 98.42％和 98.29％。

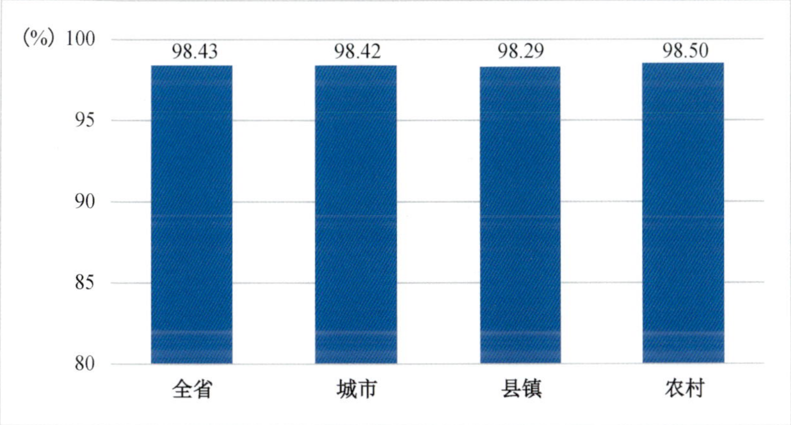

图 4－4　建立内部网络安全管理制度的学校比例

江苏省中小学网络安全管理制度修订情况如图 4－5 所示。截至 2021 年底，全省 92.50％的中小学已修订并发布 2021 年网络安全管理制度。其中，农村学校和县镇学校的这一比例均高于全省平均水平，分别为 92.98％和 92.72％；城市学校占比均略低于全省平均水平，为 91.37％。

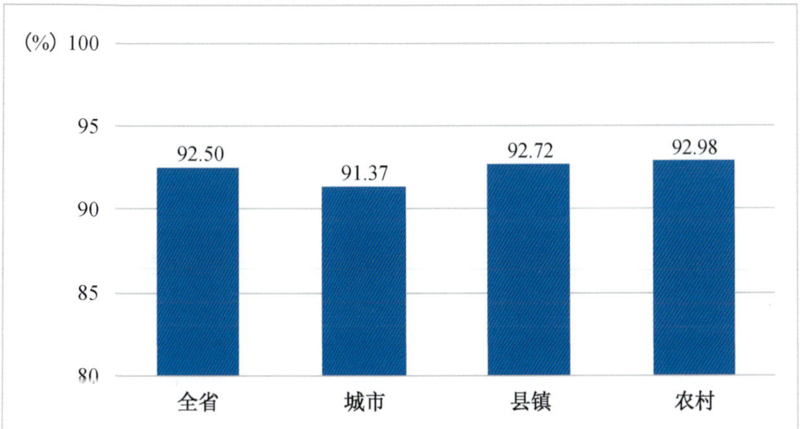

图 4－5　修订并发布本年度网络安全管理制度的学校比例

4.2.3 网络安全教育培训

江苏省中小学网络安全教育培训情况如图 4－6 所示。截至 2021 年底，全省校均内部组织的网络安全教育培训次数为 4.29 次，其中，农村学校和县镇学校次数均高于省均次数，校均分别为 4.51 次和 4.40 次；城市学校组织网络安全教育培训的次数相对较低，校均为 3.77 次。全省网络安全工作人员参加非学校内部组织的安全工作培训校均人次为 11.39 人次，其中，城市学校和县镇学校校均人次均高于全省平均水平，分别为 13.89 人次和 12.05 人次；农村学校校均人次低于全省平均水平，为 9.73 人次。

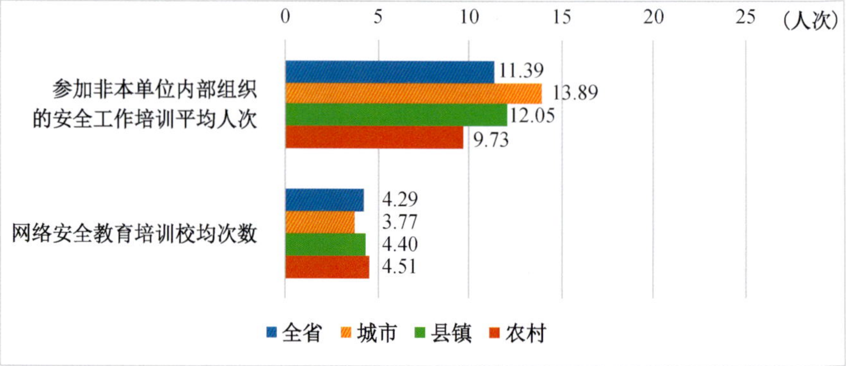

图 4－6　网络安全教育培训情况

4.2.4 信息系统建设

江苏省中小学校均拥有信息系统数量情况如图 4－7 所示。截至 2021 年底，全省校均拥有信息系统 1.57 个。其中，农村中小学校均拥有信息系统数量较多，为 1.66 个；城市中小学校均拥有信息系统数量为 1.51 个；县镇中小学校均拥有信息系统数量相对较少，为 1.45 个。

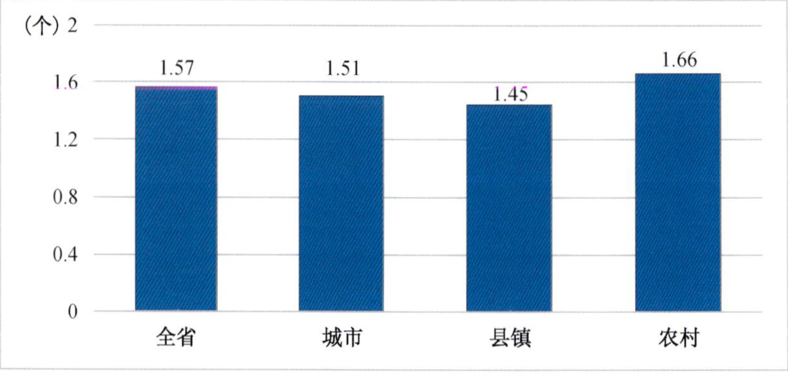

图 4－7　校均拥有的信息系统数量

江苏省中小学信息系统等级保护定级情况如图 4－8 所示。截至 2021 年底，全省仍有 14.02％的信息系统未进行等保定级，17.42％的信息系统为等级保护一级系统，11.05％的信息系统为等级保护二级系统，5.42％的信息系统为等级保护三级系统，3.92％信息系统为等级保护四级及以上系统。

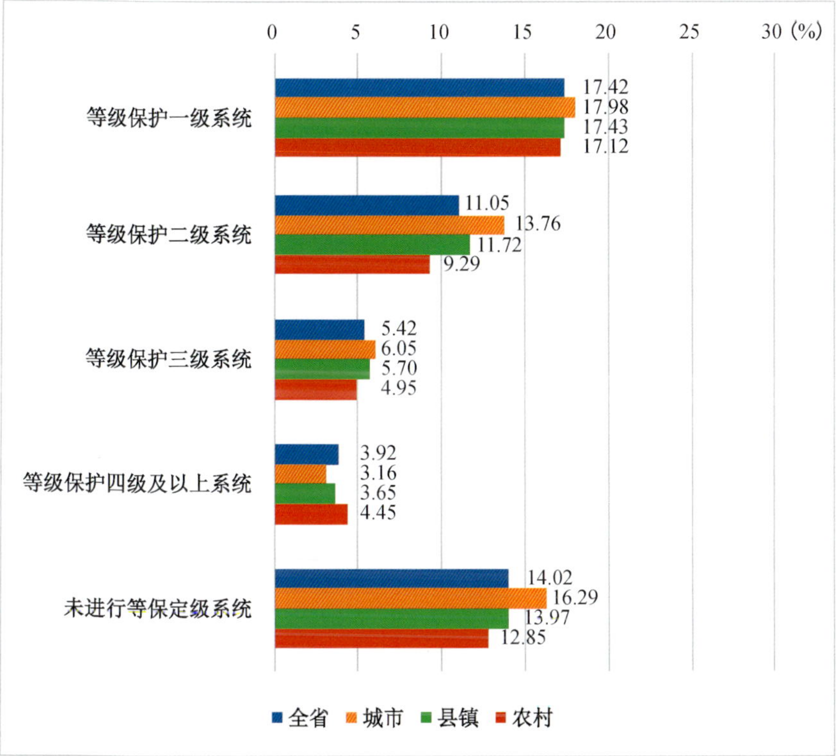

图 4－8　各级等级保护定级系统比例

江苏省中小学信息系统等级保护整改以及测评情况如图 4－9 所示。截至 2021 年底，全省完成年度等级保护测评的系统占比为 44.15％，完成等级保护整改的系统占比为 36.51％。其中，城市学校完成等级保护测评的信息系统比例最高，为 52.86％；其次是县镇学校，占比为 43.73％；农村学校完成等级保护测评的信息系统比例相对较低，为 39.77％。城市学校完成等级保护整改的信息系统比例高于全省平均水平，为 43.25％；县镇学校和农村学校完成等级保护整改的信息系统比例低于全省平均水平，分别为 35.75％和 33.34％。

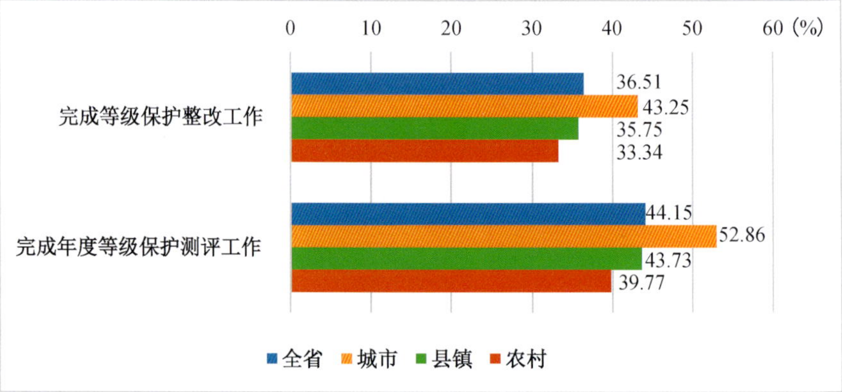

图 4-9 完成等级保护整改以及测评的信息系统比例

4.2.5 经费投入

江苏省中小学网络安全建设经费总投入占信息化建设经费总投入的比例情况如图 4-10 所示。截至 2021 年底，全省中小学用于网络安全建设的经费投入占信息化经费总投入的 30.14%。其中，农村学校占比高于全省平均水平，为 32.83%；城市学校和县镇学校占比均低于全省平均水平，分别为 26.34%和 28.79%。

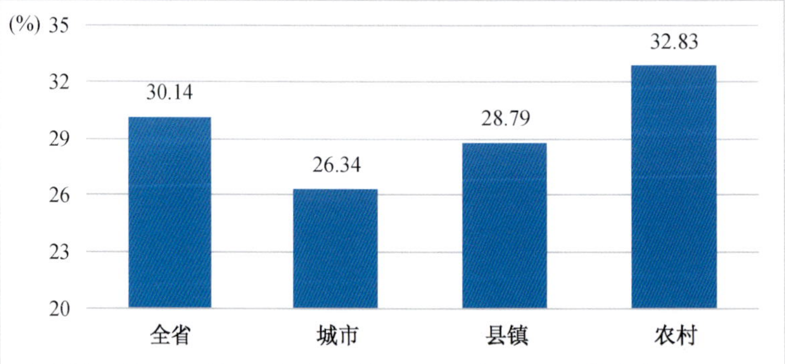

图 4-10 网络安全建设经费总投入占信息化经费总投入的比例

江苏省中小学网络安全经费投入范围情况如图 4-11 所示。截至 2021 年底，江苏省中小学网络安全建设经费，主要包括硬件设备投入、软件投入、人员及服务投入。其中，硬件设备投入远高于其他两项经费投入，占比为 52.57%；其次是人员及服务投入，为 20.91%；软件投入占比为 19.89%。在硬件设备投入方面，县镇学校的投入比例相对较高，达 54.19%，其次是农村学校投入比例，为 52.31%，城市学校投入比例相对较低，为 51.49%；在软件投入方面，县镇学校的投入比例相对较高，达 20.52%，其次是农村学校，占比为 20.06%，城市学校的投入比例相对较低，为 18.98%；在人员及服务投入方面，城市学校的投入比例相对较高，达 22.92%，其次是农村学校，比例为 20.21%，县镇学校的投入比例相对较低，为 20.18%。

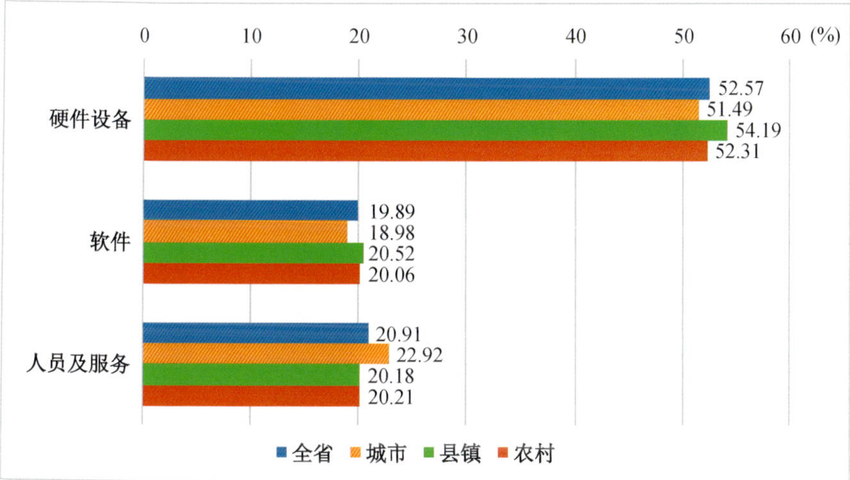

图 4－11 网络安全经费的投入范围

4.2.6 上网管理

江苏省中小学配备统一上网管理系统的学校比例情况如图 4－12 所示。截至 2021 年底，全省 91.27%的中小学已配备统一上网管理系统。其中，农村学校占比高于全省平均水平，为 92.40%；城市学校和县镇学校配备统一上网管理系统的比例相对较低，分别为 90.32%和 91.27%。

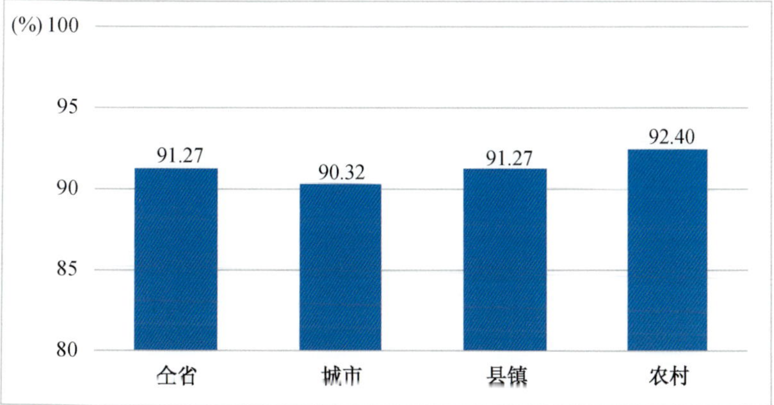

图 4－12 配备统一上网管理系统的学校比例

江苏省中小学校园网络实行实名制上网的学校比例情况如图 4 - 13 所示。截至 2021 年底，全省 87.67%的中小学校园网络已实行实名制上网。其中，农村学校的占比均高于全省平均水平，为 89.78%；县镇学校和城市学校占比低于全省平均水平，分别为 87.52%和 83.80%。

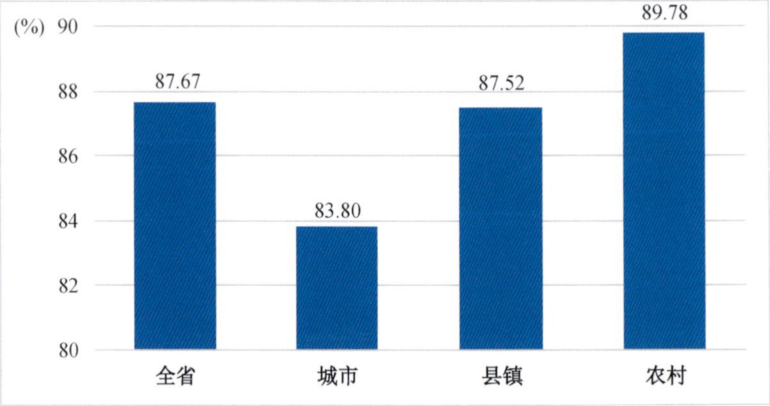

图 4 - 13　校园网络实行实名制上网的学校比例

综上所述，在网络安全相关工作人员的建设方面，农村中小学的发展状况相对县镇和城市中小学的发展状况表现较好。在网络安全管理制度方面，农村中小学在建立网络安全管理制度和修订相关网络安全管理制度方面发展较好，而县镇中小学在建立网络安全管理制度方面相对薄弱，城市中小学在修订相关网络安全管理制度方面表现相对薄弱。在网络安全教育培训方面，农村中小学和县镇中小学的发展水平要高于城市中小学的发展水平，而农村中小学在组织网络安全工作人员参加非学校内部组织的安全工作培训的表现还有待提高。在信息系统建设方面，农村中小学拥有的信息系统数量高于县镇中小学和城市中小学，农村中小学未进行等保定级的信息系统比例最低，城市中小学完成年度等级保护测评的信息系统和完成等级保护整改工作的比例高于县镇中小学和农村中小学。在经费投入方面，农村中小学网络安全建设经费总投入占信息化经费总投入的比例高于城市中小学和县镇中小学，且三者的硬件设备投入比例均远高于软件和人员服务经费投入比例。在上网管理方面，农村中小学在配备统一上网管理系统和网络实行实名制上网方面，发展状况高于城市中小学和县镇中小学。

4.3 小结

总的来看，江苏省基础教育网络安全发展具备以下特征：

在网络安全工作队伍建设方面，网络安全工作领导机构和工作联络员的建立情况较好。相比之下，国家认定的网络安全从业资质人员数量明显低于网络安全管理从业人员的数量，各设区市中小学应注重对网络安全管理从业人员的专业知识提升，提高相关人员业务能力水平。

在网络安全管理制度方面，江苏省中小学建立内部网络安全管理制度情况较好，但修订并发布本年度网络安全管理制度的学校比例相对较低，各学校要注重及时更新网络安全管理制度，保证校园网络的正常运行和网络用户的使用权益。

在网络安全教育培训方面，江苏省内中小学网络安全教育培训开展情况有待提高。相比较而言，网络安全工作人员参加非学校内部组织的安全工作培训校均人次情况较好。学校应加强网络安全培训力度，加强对网络从业人员的安全教育，形成高素质安全队伍。

在信息系统方面，学校信息系统等保定级情况还需进一步提升。总体来看，完成年度等级保护测评的系统数量情况参差不齐，拥有等级保护一级系统的数量要明显高于其他级别的系统数量。信息系统等级保护测评以及整改的工作开展情况较好。各设区市学校要加强学校信息系统的定级备案工作，并进一步完善信息系统等级保护测评及整改工作。

在经费投入方面，各设区市网络安全经费投入力度出现参差不齐的情况，投入硬件设备的经费要明显高于对软件和人员及服务的经费投入。各设区市在加大经费投入力度的同时，应注重经费在软、硬件及服务三者的合理分配。

5. 智慧校园发展专项

智慧校园作为智慧教育的重要内容和标志性特征，教育部近五年来都将智慧校园建设纳入教育信息化年度工作要点，并明确提出要引导各级各类学校开展智慧校园建设与应用。江苏省政府办公厅印发《关于推进智慧教育的实施意见》，将智慧教育、智慧校园建设纳入智慧江苏发展大局统筹谋划，省教育厅将智慧校园建设列为“十三五”教育信息化重点工程并在“十四五”期间持续推进。省教育厅、省工信厅、省财政厅联合印发中小学和高校智慧校园建设指导意见及指标体系，为各地各校开展智慧校园及示范校建设提供了基本遵循。基于此，为全面了解江苏省智慧校园发展现状，把握智慧校园建设过程中存在的主要问题和今后的发展方向，在对问卷数据进行整理和分析的基础上，整理总结出“2021 年度江苏省智慧校园发展专项报告”。

5.1 总体情况

依据《江苏省中小学智慧校园建设指导意见》，江苏省围绕智慧环境、数字资源、应用能力、创新融合、支撑保障、特色发展六个方面开展了智慧校园建设。截至 2021 年底，全省智慧校园建设已取得了显著成效，具体建设情况如下：

在智慧环境方面，全省 100％的智慧校园接入了百兆级的主干带宽；超过 90％

的智慧校园实现了无线网络覆盖办公区和教学区；超过82%的智慧校园能提供各种活动的宣传报道服务和校园数字广播服务；生机比达9.16∶1；近85%的智慧校园配备了公用交互式终端设备；有98.43%的智慧校园建立了网络信息安全保障制度；91.70%的智慧校园实现了安防系统与当地公安部门安防系统互联互通。但是，全省近40%的智慧校园尚未安装物联网感知设备；教师配备的信息终端数量相对较低，师机比为1.16∶1；仅有45.11%的智慧校园建有智能一卡通系统；仍有18.76%的智慧校园尚未建设创新实验室。

在数字资源方面，全省智慧校园多媒体教室形态多样，包括交互式电子白板+计算机、大屏幕液晶一体机、实物投影仪等多种形式；教师网络学习空间开通率达96.04%，常用功能包括备课和资源共享等；学生网络学习空间开通率达93.98%，常用功能包括师生互动、课前预习、课后复习等；校园网络学习空间开通率为91.53%，常用功能包括资源共享、教师管理、学籍管理等；校均分享网络课程或特色资源的数量达238.78节，每年上传资源至县级以上教育资源服务平台的教师数量校均为49.64人、学生数量校均为227.57人。但是，全省仍有9.13%的智慧校园尚未建设校本数字资源库。

在应用能力方面，智慧校园近三年校均有16.61名学生参与教育信息化竞赛，获奖数量为校均10.27项，获奖的学生数量校均为14.52人；有74.53%的学生在网络文明礼仪方面处于"好"水平；参加中小学教师信息技术应用能力培训的教师比例达92.23%，培训合格的教师比例达94.19%；近三年参加县级以上教育信息化相关专题培训的教师比例为83.27%；有超过70%的教师信息技术应用能力处于"较好"及以上水平；近三年，教师申请或参与各类的教育信息化应用研究课题数量校均为3.37个，参加市级以上教育信息化类竞赛的教师校均为8.23人，在市级以上教育信息化类竞赛中获奖教师校均为7.02人，公开发表的成果校均达11.55个，参加市级以上观摩交流次数校均为12.53次；超过90%的管理者能够开展基于大数据的教育治理或绩效评价。但是,全省智慧校园学生信息素养处于“好”水平的占比仅为58.65%,全省智慧校园学生个人空间资源管理能力处于“好”水平的占比仅为54.93%,参加省级以上信息化领导力培训的管理人员比例仅为36.07%。

在创新融合方面,全省智慧校园利用信息化手段进行备课的课时数占学校开设课程总课时的74.73%;信息技术课程开课率达12.53%;有超过70%的智慧校园使用了大数据、移动学习等智慧教学技术中的一种或多种;有76.44%的智慧校园建有校园门户网站对校外公开信息;83.69%的智慧校园管理系统实现了统一身份认证;教学研修、校园安全与管理服务、编班排课等教育教学业务实现信息化的比例均在85%以上;有超过75%的智慧校园实现了教师教学质量精准评价和教学成果全过程记录与评价;有82.93%的智慧校园提供了家长与教师的互动交流服务;超过80%的智慧校园提供了家庭教育问题咨询服务和优质教学资源对外开放服务等社会公益服务。但是,在家校互通服务方面,智慧校园提供的服务形式以家长与教师的互动交流为主,能提供学生作业完成情况查询、学生考试成绩及分析结果查询等服务的学校比例均低于60%,仍有9.56%的智慧校园尚未在智慧教学中应用相关新兴技术。

在支撑保障方面,全省有超过95%的智慧校园成立了以校长为组长的智慧校园工作领导小组;有89.53%的智慧校园制定了智慧校园建设规划并按计划推进实施;参与教育信息化工作的管理人员校均为4.89人,持有市级以上相关证书的专职管理人员校均为1.55人;有超过90%的智慧校园制定了智慧校园发展规划以及智慧校园管理规章制度。但是,制定了多元化经费投入机制的学校比例相对较低,仅为56.09%;智慧校园经费投入方面,在系统软件和应用软件、运维、培训及其他经费投入占比均不足15%。

在特色发展方面,全省有近90%的智慧校园开展了一定形式的教育信息化探索活动或项目;有超过85%的智慧校园在信息化建设过程中取得了一定的突出成果;有近80%的智慧校园在"三个课堂"方面取得了突出表现或成果;有近80%的智慧校园参与了结对帮扶计划;有超过85%的智慧校园参与了教育信息化教学应用实践共同体项目。

5.2 智慧校园发展概况

5.2.1 智慧环境

5.2.1.1 校园网络

江苏省智慧校园主干带宽建设的情况如图5-1所示。截至2021年底,全省100%的智慧校园主干带宽达到了百兆级。

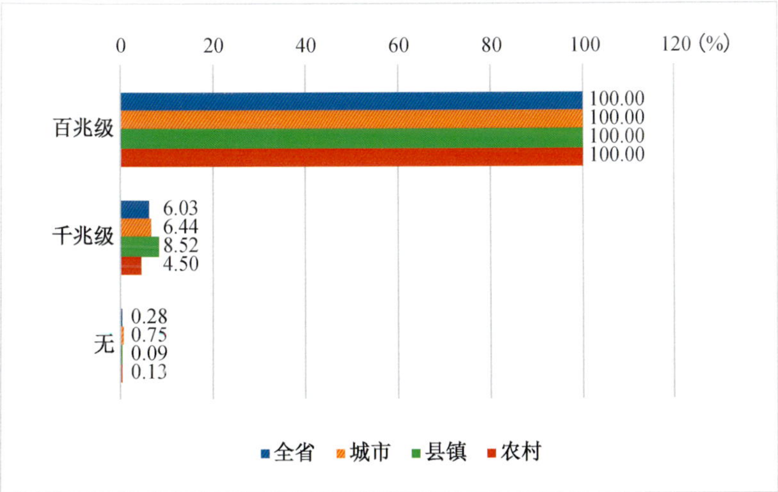

图5-1 校园网主干带宽建设情况

江苏省智慧校园无线网络覆盖情况如图5-2所示。截至2021年底,全省智慧校园实现无线网络覆盖办公区的比例最高,为96.95%,其次是覆盖教学区的比例,为93.32%。无线网络在运动区、生活区、宿舍区的覆盖率相对较低,占比均不足60%。此外,仍有1.48%的学校尚未建设校园无线网络。

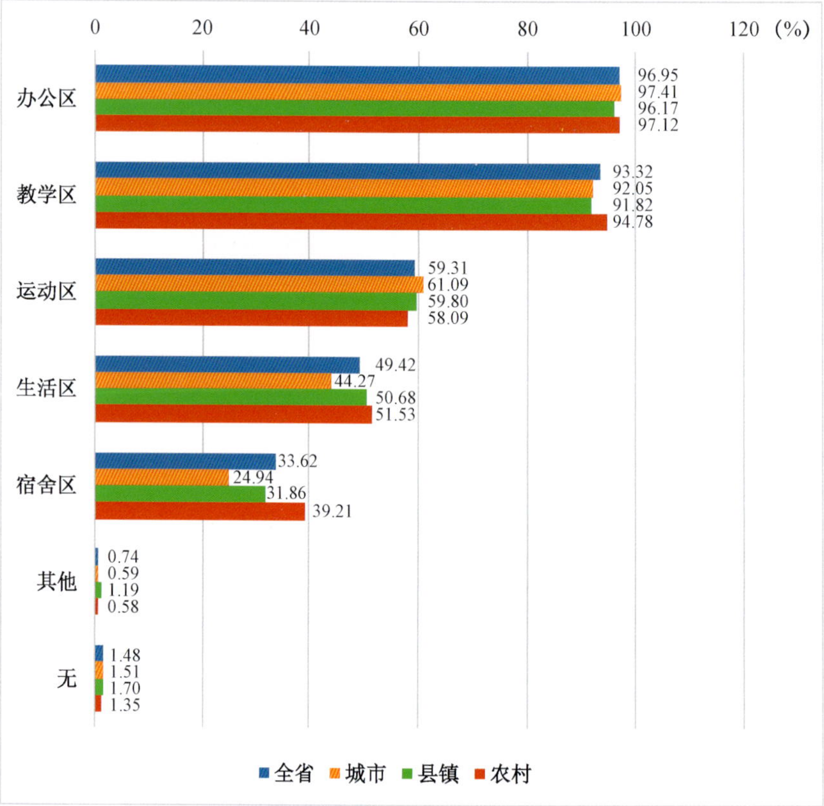

图 5－2　无线网络覆盖区域

江苏省智慧校园 5G 网络覆盖情况如图 5－3 所示。截至 2021 年底，全省 52.30％的学校实现了 5G 网络覆盖。其中，城市学校占比最高，达 57.24％，其次是县镇学校，占比为 52.47％；农村学校实现 5G 网络覆盖的比例相对较低，为 49.55％。

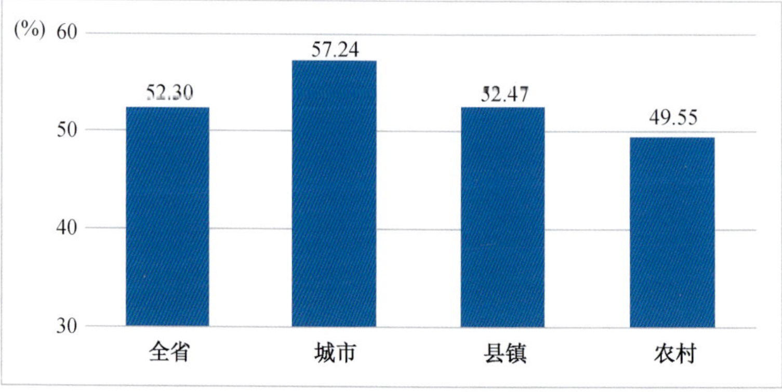

图 5－3　5G 网络覆盖情况

江苏省智慧校园互联网接入方式如图 5－4 所示。截至 2021 年底，全省智慧校园接入电信网的比例最高，达 72.46%，其次是接入移动网的学校比例，占比为 42.93%；接入江苏省教育和科研计算机网、中国教育和科研计算机网、联通网的比例相对较低，占比均不足 20%。

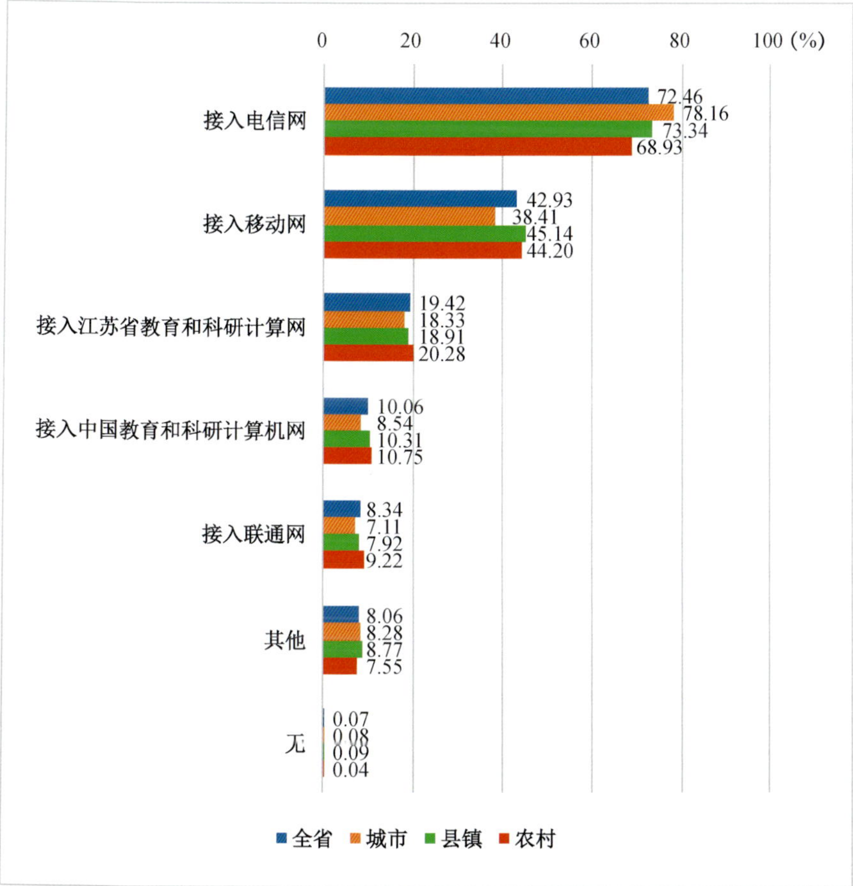

图 5－4　互联网接入方式

江苏省智慧校园基于校园网络的应用系统建设情况如图 5－5 所示。截至 2021 年底，全省智慧校园建有校园安防系统的比例最高，达 95.23%，其次是建有校园广播系统的比例，占比为 88.48%，建有校园电视系统的智慧校园占比相对较少，为 58.55%。此外，仍有 0.91%的智慧校园尚未基于校园网络建设应用系统。

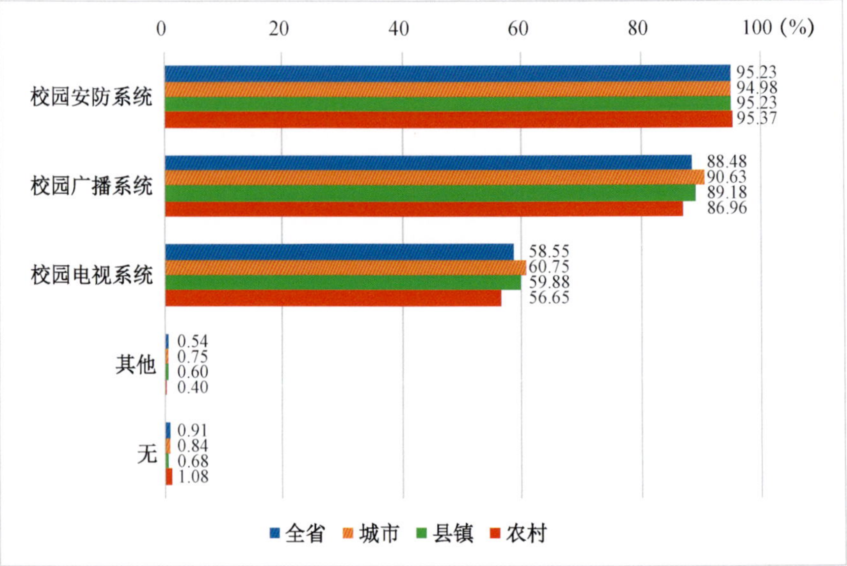

图 5－5　基于校园网络的应用系统建设情况

江苏省智慧校园物联网感知设备安装与整合情况如图 5－6 所示。截至 2021 年底，全省仍有 39.91％的智慧校园尚未安装物联网感知设备，其中农村学校占比最高，其次是县镇学校，有 24.67％的学校物联网感知设备已接入校园信息系统，有 26.30％的学校尚处于安装、摸索阶段，仅有 9.12％的学校实现了物联网感知设备与校园信息系统的统一集成。

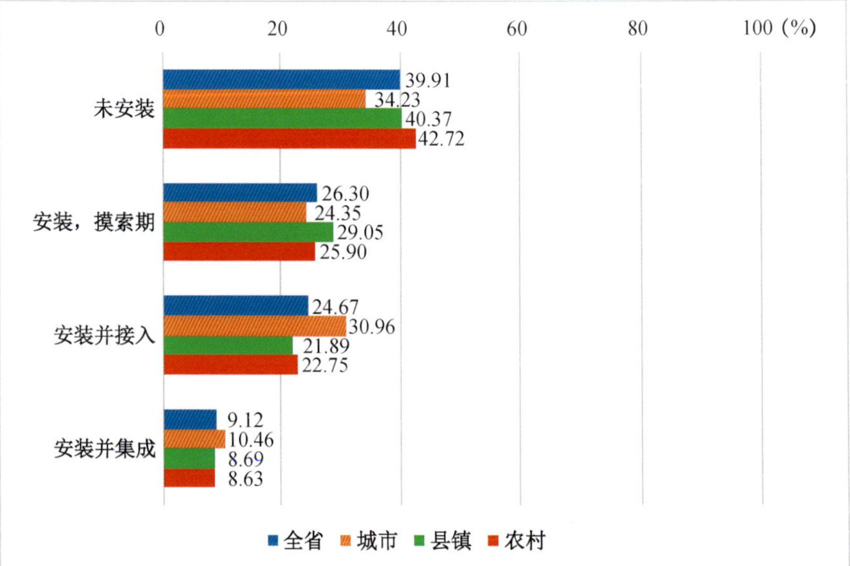

图 5－6　物联网感知设备安装与整合情况

江苏省智慧校园文化生活服务建设情况如图 5－7 所示。截至 2021 年底，全省智慧校园提供各种活动的宣传报道服务和校园数字广播服务的比例相对较高，占比都在 80％以上，其次是提供网上心理健康咨询服务的比例，为 46.68％；提供虚拟校园游览服务的比例最低，占比仅为 11.78％。此外，仍有 3.18％的智慧校园尚未提供任何形式的文化生活服务。

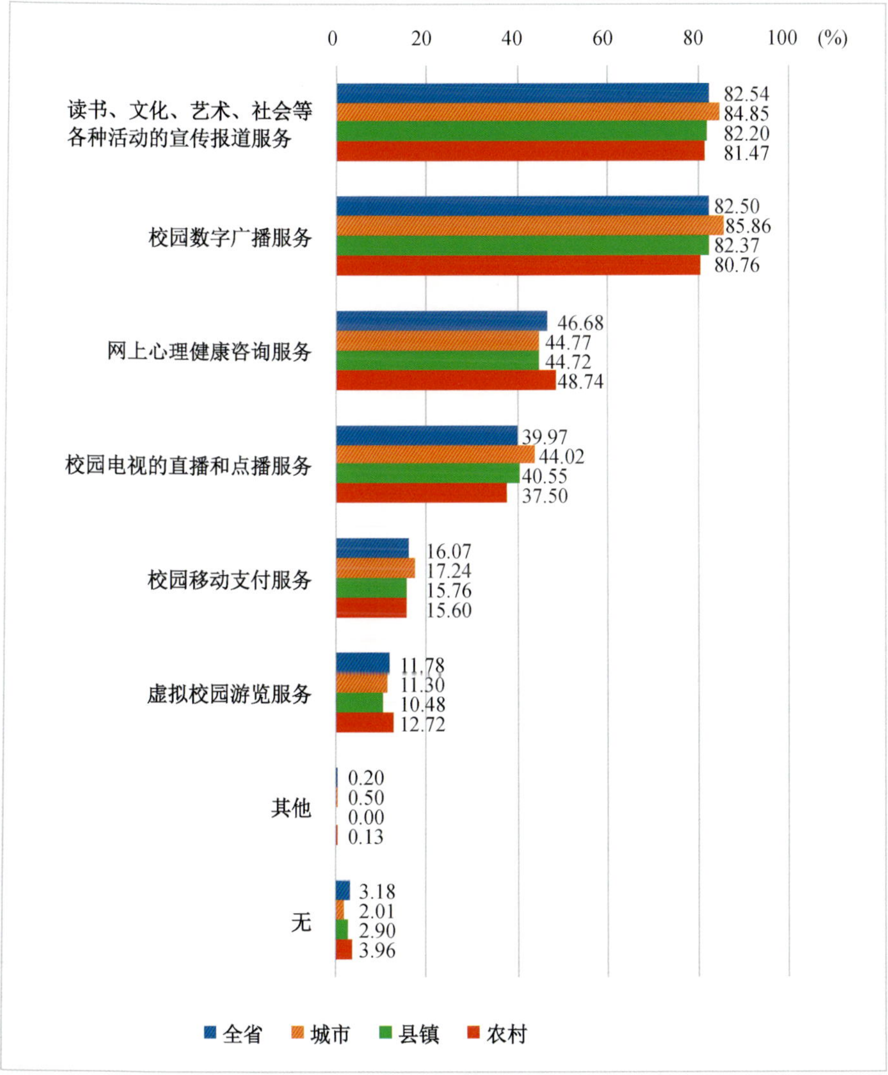

图 5－7　校园文化生活服务建设情况

5.2.1.2 信息终端

江苏省智慧校园个人信息化终端配备情况如图 5－8 所示。截至 2021 年底，全省智慧校园的师机比为 1.16∶1，其中城市学校配备个人信息化终端的情况相对较好，师机比为 1.07∶1，农村学校为 1.19∶1；县镇学校配备个人信息化终端的情况相对较差，师机比为 1.20∶1。全省智慧校园的生机比达 9.16∶1，其中农村学校配备学生用信息化终端的情况相对较好，生机比为 7.95∶1，其次是县镇学校，生机比为 10.28∶1，城市学校配备学生用信息化终端的情况相对较差，生机比为 10.31∶1。全省智慧校园校均配备 34.28 台学生用移动终端，其中城市学校校均配备数量最高，为 58.01 台，其次是县镇学校，校均配备 38.21 台，农村学校校均配备数量相对较低，为 19.47 台。

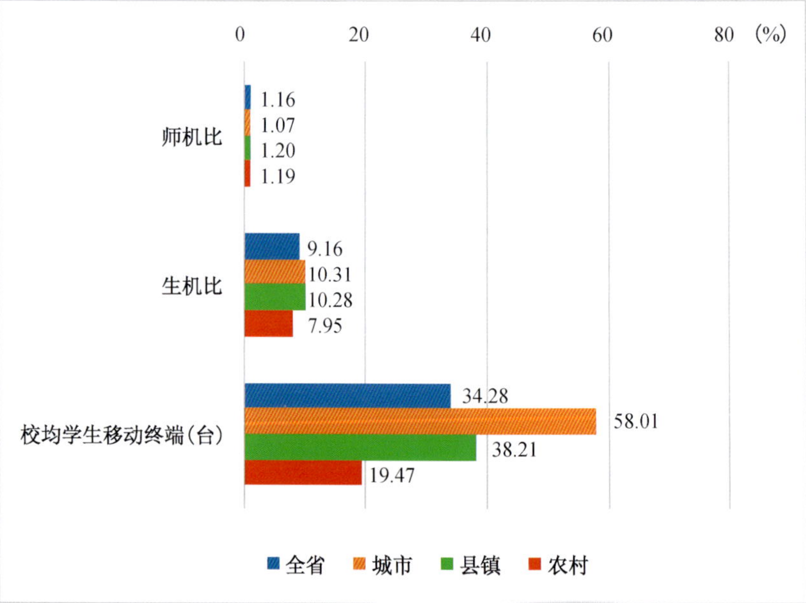

图 5－8　个人信息化终端配备情况

江苏省智慧校园公用交互式终端设备的配备情况如图 5－9 所示。截至 2021 年底，全省智慧校园在行政楼配备公用交互式终端的比例最高，达 66.95%，其次是在图书馆配备公用交互式终端的学校比例，为 65.71%，在活动室配备公用交互式终端的学校比例相对较低，占比为 57.11%。此外，仍有 14.57%的智慧校园尚未配备公用交互式终端。

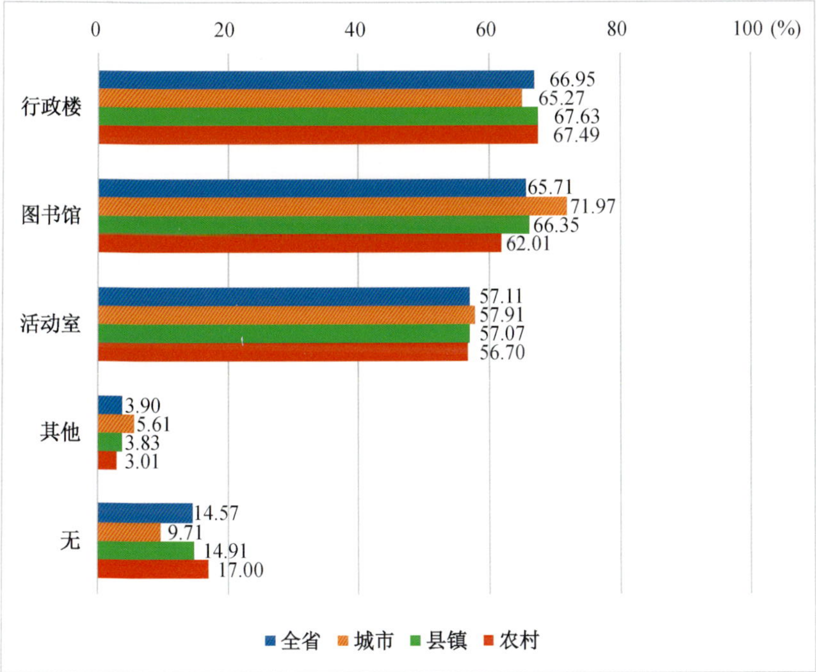

图 5－9 公用交互式终端设备配备情况

江苏省智慧校园智能一卡通系统建设情况如图 5－10 所示。截至 2021 年底，全省共有 45.11％的智慧校园建设了智能一卡通系统。其中，城市学校占比最高，达 47.87％，其次县镇学校，占比为 47.53％，农村学校建有智能一卡通系统的比例相对较低，为 42.36％。

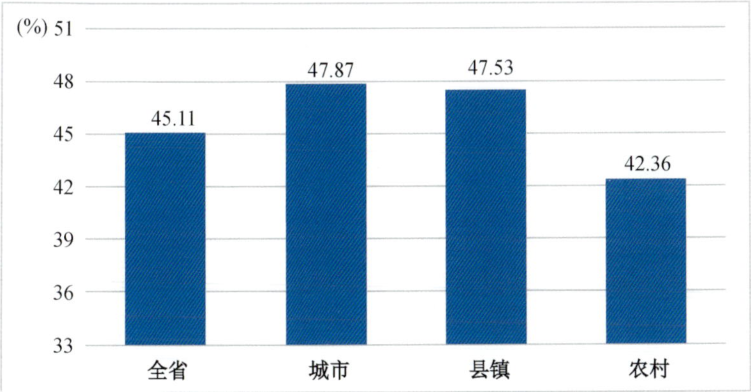

图 5－10 智能一卡通系统建设情况

5.2.1.3 智慧教室

江苏省智慧校园校均拥有的各类教室数量如图 5－11 所示。截至 2021 年底，全省智慧校园校均拥有 41.49 间教室，其中城市学校数量最多，校均拥有 56.88 间教室，其次是县镇学校，校均拥有 53.75 间教室，农村学校校均拥有的教室数量相对较少，为 26.76 间；全省智慧校园校均拥有 34.01 间多媒体教室，其中城市学校数量最多，校均拥有 47.13 间，其次是县镇学校，校均拥有 44.51 间，农村学校校均拥有的多媒体教室数量相对较少，为 21.42 间；全省智慧校园校均拥有智慧教室 6.27 间，其中县镇学校校均拥有智慧教室的数量最多，为 8.63 间，其次是城市学校，校均拥有 7.59 间，农村学校校均拥有智慧教室的数量相对较少，仅为 4.31 间；全省智慧校园校均拥有 1.30 间录播教室，其中城市学校校均拥有的录播教室数量相对较多，为 1.77 间，县镇学校和农村学校校均拥有的录播教室数量分别为 1.40 间和 0.99 间。

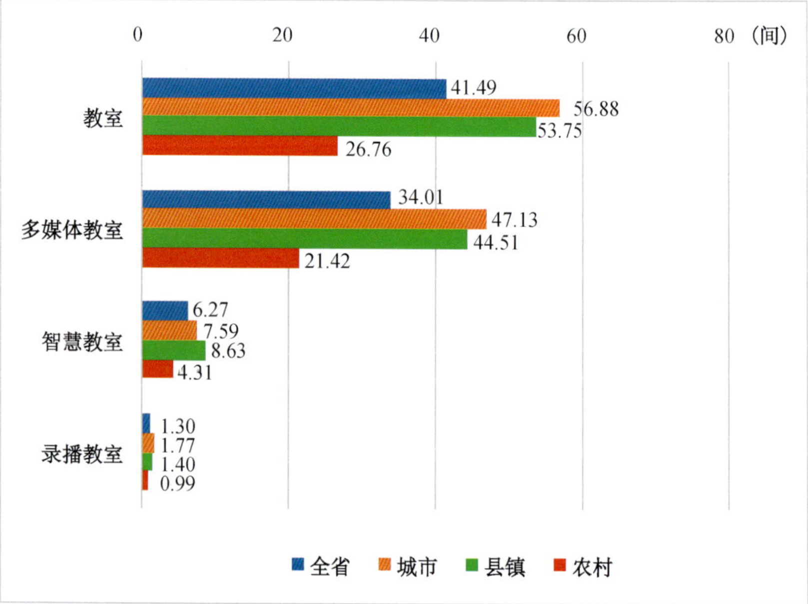

图 5－11　校均各类教室数量

江苏省智慧校园常用课堂教学功能如图 5－12 所示。截至 2021 年底，全省智慧校园最常用的课堂教学功能是数字资源共享，占比为 87.94％；其次是学生综合评价和班级组织管理，占比分别为 73.83％和 70.72％；学生学习行为记录、学情分析和预警、学生成长报告生成三项功能的占比相对较低，均在 56％左右。此外，仍有 3.51％的智慧校园尚未开发任何课堂教学功能。

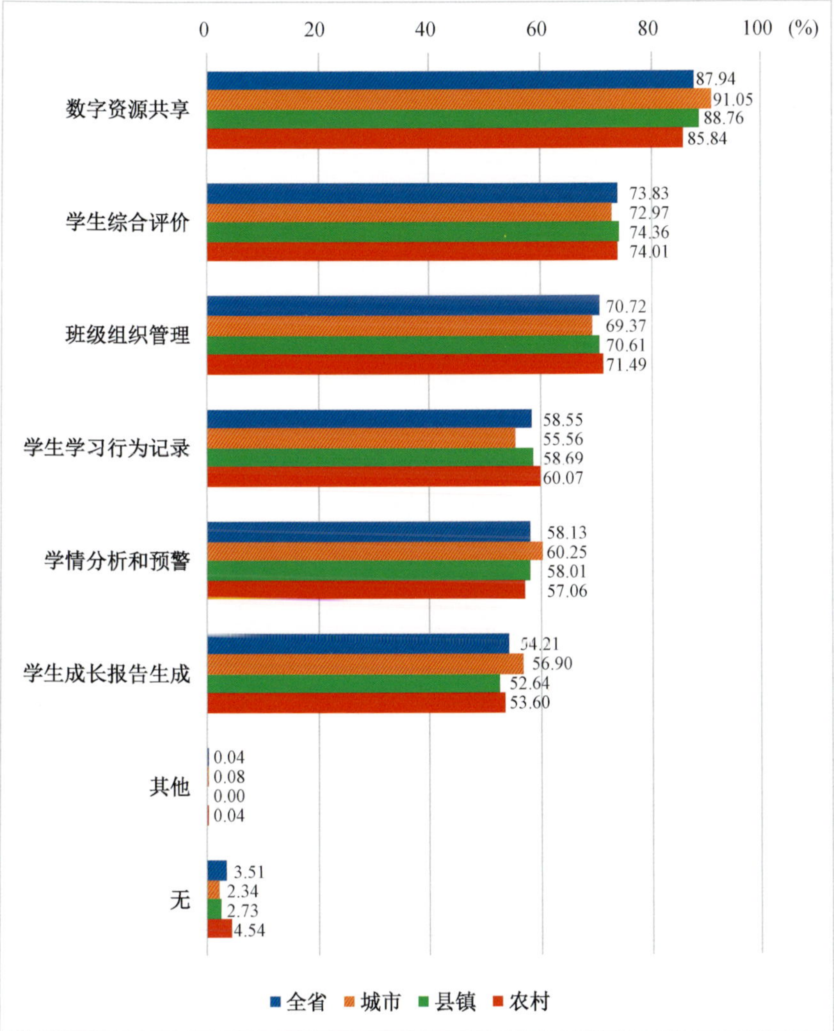

图 5－12　常用课堂教学功能情况

江苏省智慧校园创新实验室类型如图5-13所示。截至2021年底，全省仍有18.76%的智慧校园尚未建设创新实验室，其中农村学校占比最高，达24.14%，其次是县镇学校，占比为17.85%，城市学校占比最低，为12.50%。在建有创新实验室的学校中，建有创客实验室的比例最高，占比为53.23%；其次是建有机器人实验室和3D打印室的学校比例，占比都在35%以上；建有虚拟实验室的智慧校园占比最低，仅为13.89%。

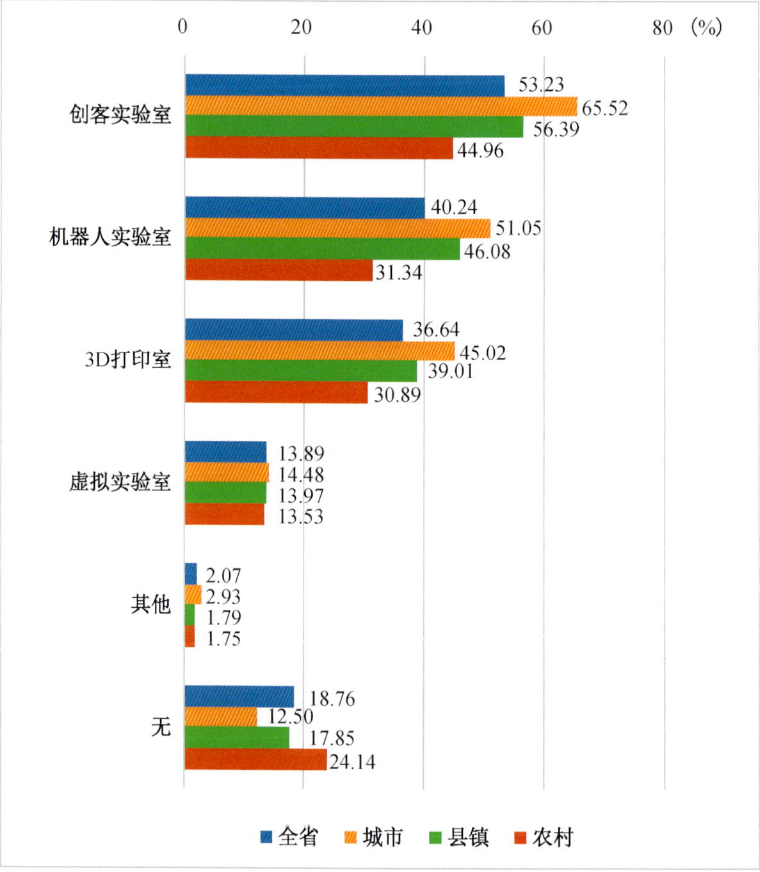

图5-13 创新实验室类型

5.2.1.4 信息安全

江苏省智慧校园为确保网络安全采取的措施如图5-14所示。截至2021年底，全省共有97.15%的智慧校园建立了网络信息安全保障制度，配备统一上网管理系统且能够定期开展信息安全等保测评工作的学校占比均在77%以上。

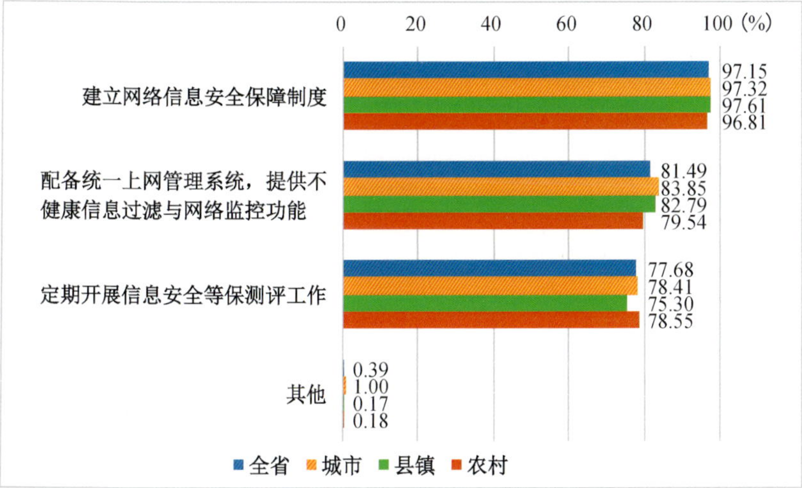

图 5－14　为确保网络安全采取措施的情况

5.2.1.5 智能安防

江苏省智慧校园安防系统数据管理情况如图 5－15 所示。截至 2021 年底，全省智慧校园实现安防系统与当地公安部门安防系统互联互通的比例达 91.70%；其次是安防系统实现与区域行政部门数据同步的学校比例，为 70.76%。此外，仍有 2.00%的智慧校园尚未实现安防系统与区域行政部门数据同步或与当地公安部门安防系统互联互通。

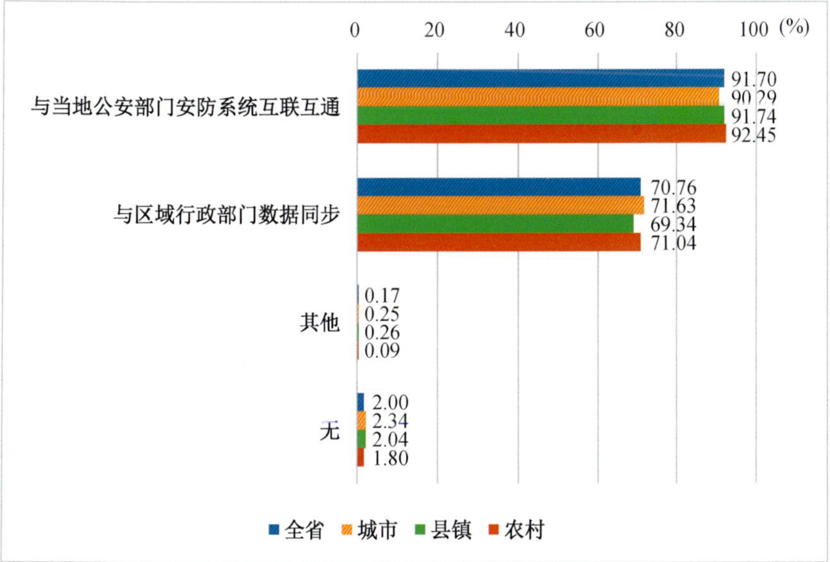

图 5－15　安防系统数据管理情况

江苏省智慧校园智能安防系统主要功能如图 5－16 所示。截至 2021 年底，全省智慧校园智能安防系统具备紧急广播与疏散功能的比例最高，达 90.05%；其次是智能安防系统具备消防报警功能的学校比例，占比为 87.57%；具备食品安全检测功能的比例相对较低，为 65.10%。此外，仍有 3.46%的智慧校园尚不具备上述智能安防功能。

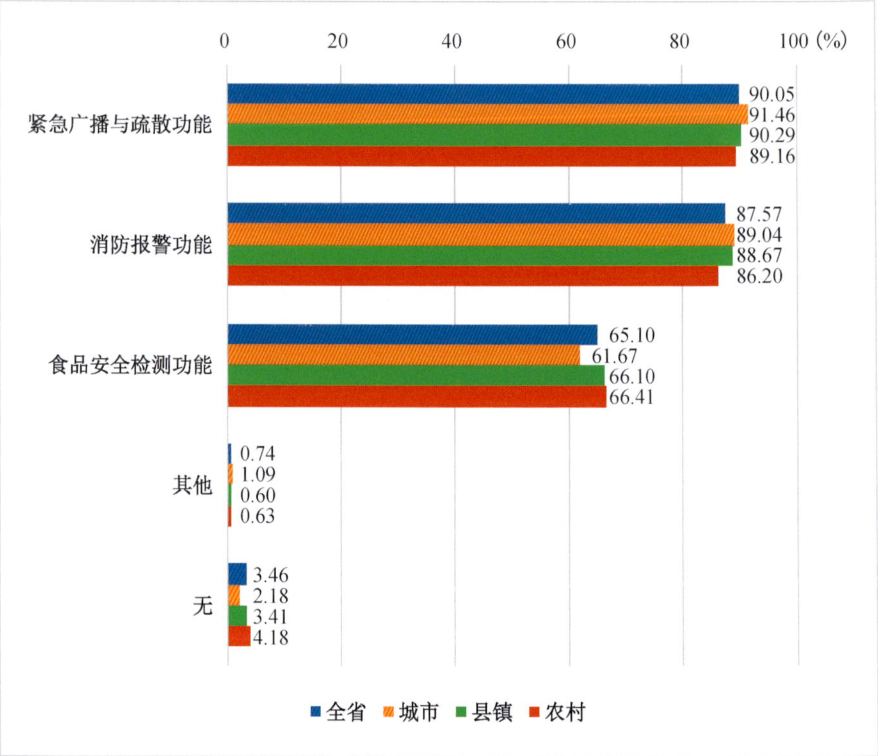

图 5－16　智能安防系统主要功能

5.2.2 数字资源

5.2.2.1 资源建设

江苏省智慧校园拥有与教材完整配套数字教学资源的学科覆盖率如图 5－17 所示。截至 2021 年底，全省智慧校园配套数字教学资源的学科覆盖率在 90%以上的占比最高，为 63.79%，其次是覆盖率为 60%～90%的学校，占比为 20.88%；配套数字教学资源的学科覆盖率为 0～30%的学校占比相对较低，为 4.70%。

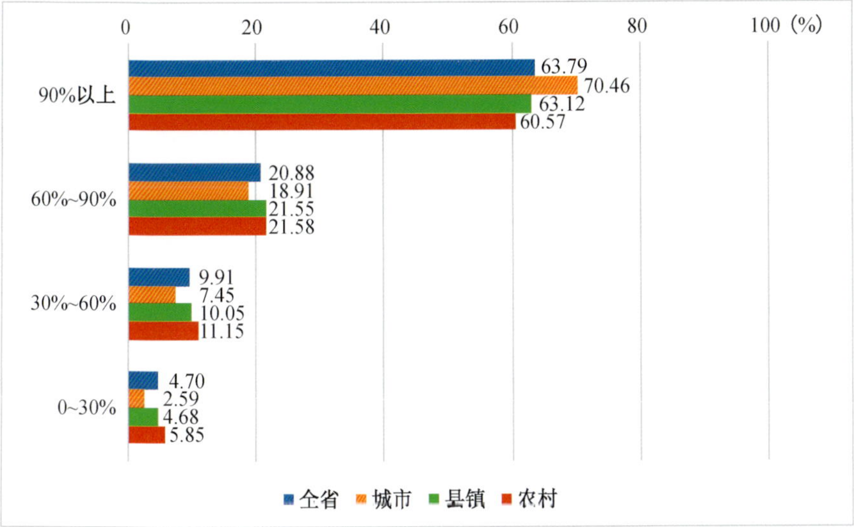

图 5-17 数字教学资源的学科覆盖率

江苏省智慧校园校本数字资源建设情况如图 5-18 所示。截至 2021 年底，全省有 90.89%智慧校园已建设校本数字资源库，其中，城市学校已建设校本数字资源库的占比相对较高，为 92.10%，县镇学校和农村学校相对较低，分别为 89.57%和 90.71%。在建有校本数字资源库的学校中，有 35.05%的学校能够对资源库进行及时更新，其中，城市学校及时更新的占比相对较高，达 38.66%，县镇学校和农村学校实现资源库及时更新的比例相对较低，均在 33%左右。

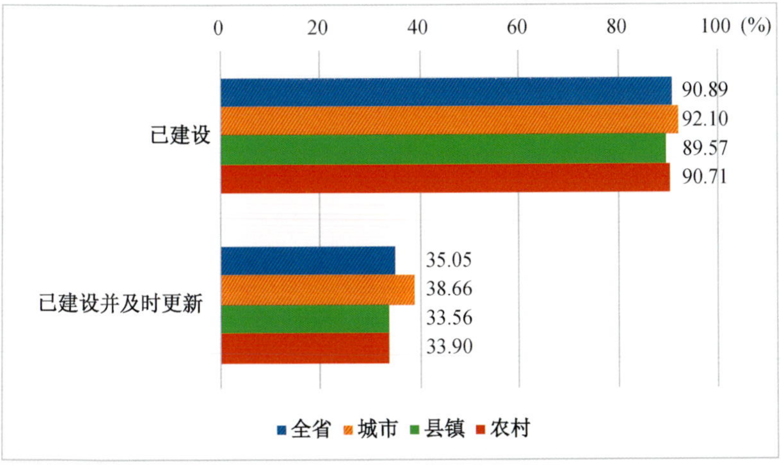

图 5-18 校本数字资源库建设情况

江苏省智慧校园数字图书馆建设情况如图5－19所示。截至2021年底，全省仍有11.76%的智慧校园尚未建设数字图书馆。在建有数字图书馆的学校中，接入上级单位建设的中小学数字图书馆系统、建有电子阅览室的学校占比都在65%左右；其次是数字图书内容与新课程改革同步的学校比例，占比为37.58%；而引入市场上的数字图书和建有云阅读中心的学校比例均低于30%。

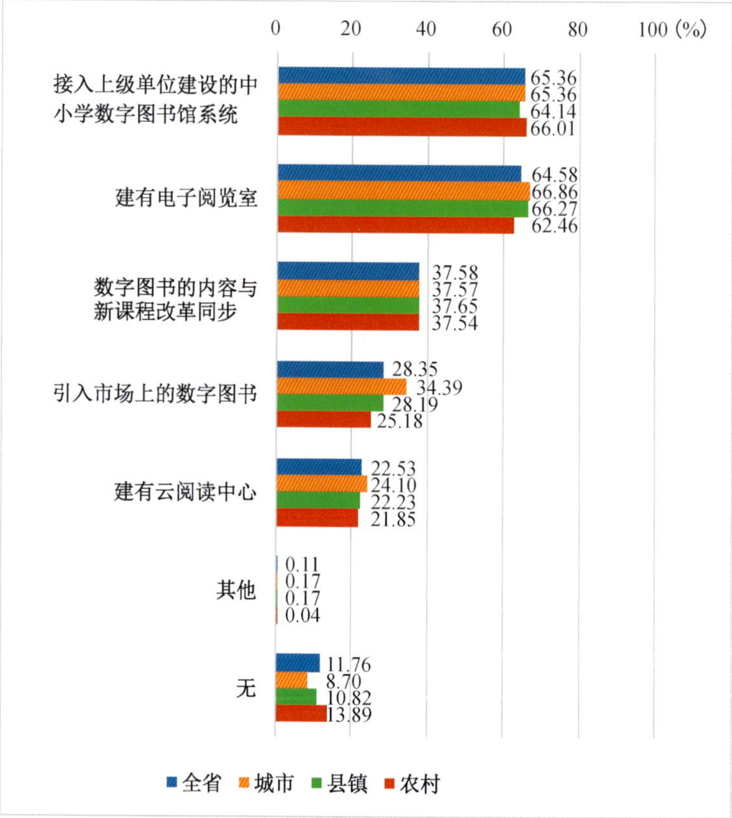

图5－19　数字图书馆建设情况

5.2.2.2 资源应用

江苏省智慧校园多媒体教室形态如图5－20所示。截至2021年底，全省智慧校园多媒体教室形态为实物投影仪和大屏幕液晶一体机的比例相对较高，占比均在60%以上；其次是交互式电子白板一体机、交互式电子白板＋计算机的形态比例，占比都在40%左右；多媒体教室形态为大屏幕液晶显示器＋计算机的学校占比相对较低，为26.26%。

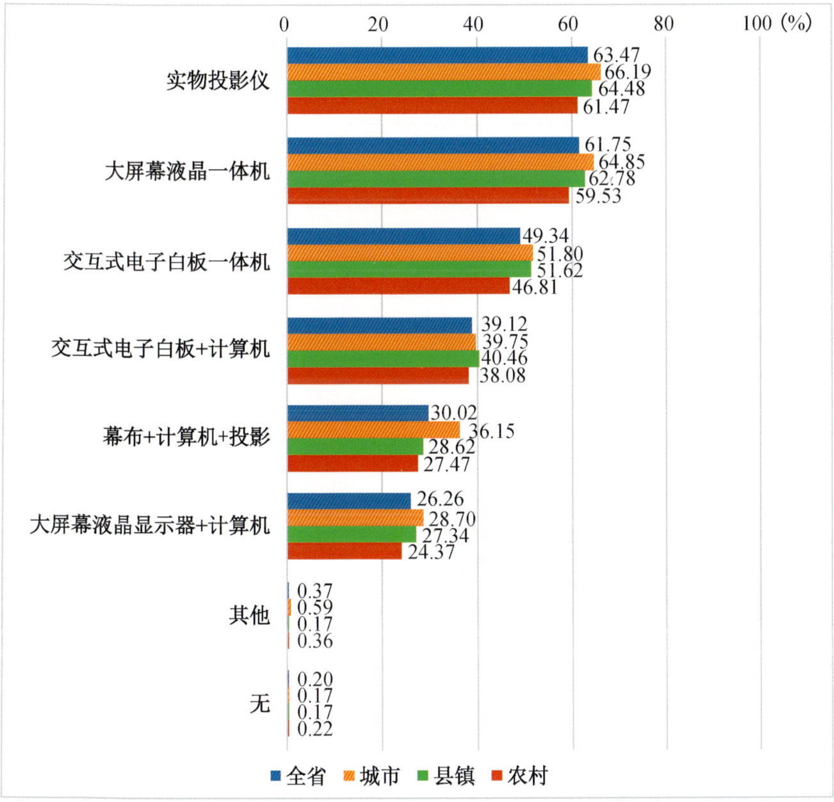

图 5－20　多媒体教室形态情况

江苏省智慧校园教师网络学习空间开通率如图 5－21 所示。截至 2021 年底，全省智慧校园教师网络学习空间的开通率达 96.04%。其中，城市学校的开通率相对较高，达 96.66%，其次是农村学校开通率，为 95.85%，县镇学校教师网络学习空间开通率相对较低，为 95.29%。

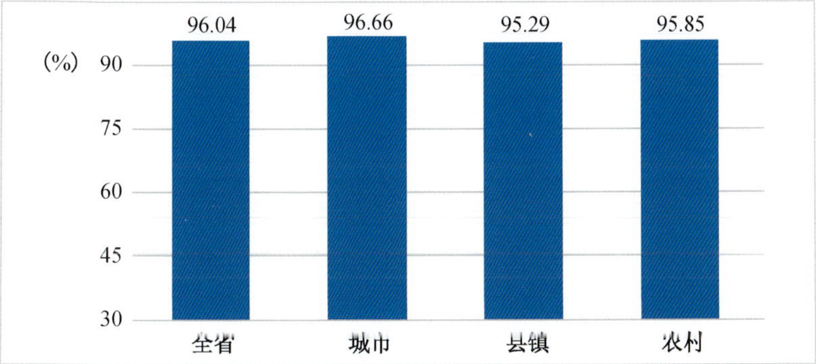

图 5－21　教师网络学习空间开通率

江苏省智慧校园学生网络学习空间开通率如图 5－22 所示。截至 2021 年底，全省智慧校园学生网络学习空间的开通率达 94.17％。其中，农村学校的开通率相对较高，达 94.93％，其次是城市学校的开通率，为 94.91％，县镇学校学生网络空间开通率相对较低，为 92.59％。

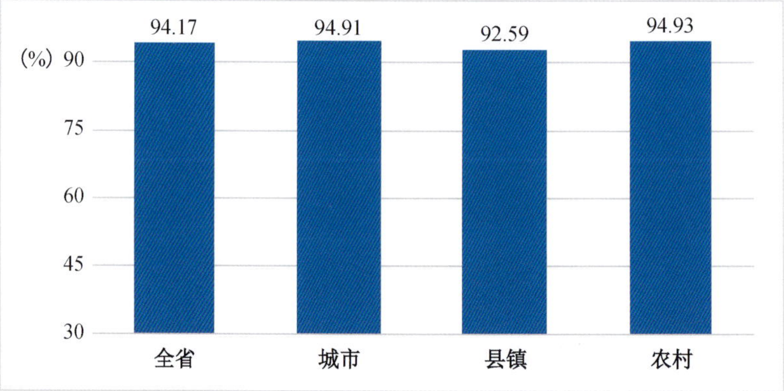

图 5－22　学生网络学习空间开通率

江苏省智慧校园网络学习空间开通率如图 5－23 所示。截至 2021 年底，全省智慧校园网络学习空间的开通率达 91.53％。其中，县镇学校的开通率相对较高，达 92.42％，其次是城市学校的开通率，为 92.30％，农村学校教师网络空间开通率相对较低，为 90.65％。

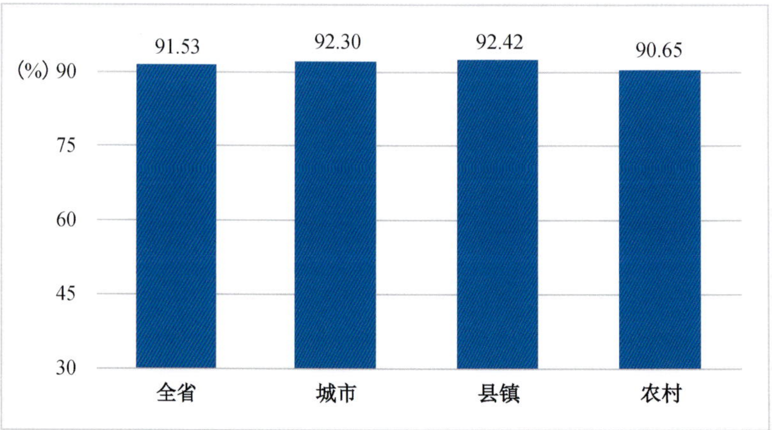

图 5－23　学校网络学习空间开通率

江苏省智慧校园教师网络学习空间常用功能如图 5－24 所示。截至 2021 年底，教师使用频率较高的网络学习空间功能为备课和资源共享，占比都在 90%以上，其次是网络研修功能，占比为 80.45%，作业批改/考试/测验功能使用率相对较低，占比仅为 50.21%。此外，仍有 0.63%的学校尚未使用教师网络学习空间的任何功能。

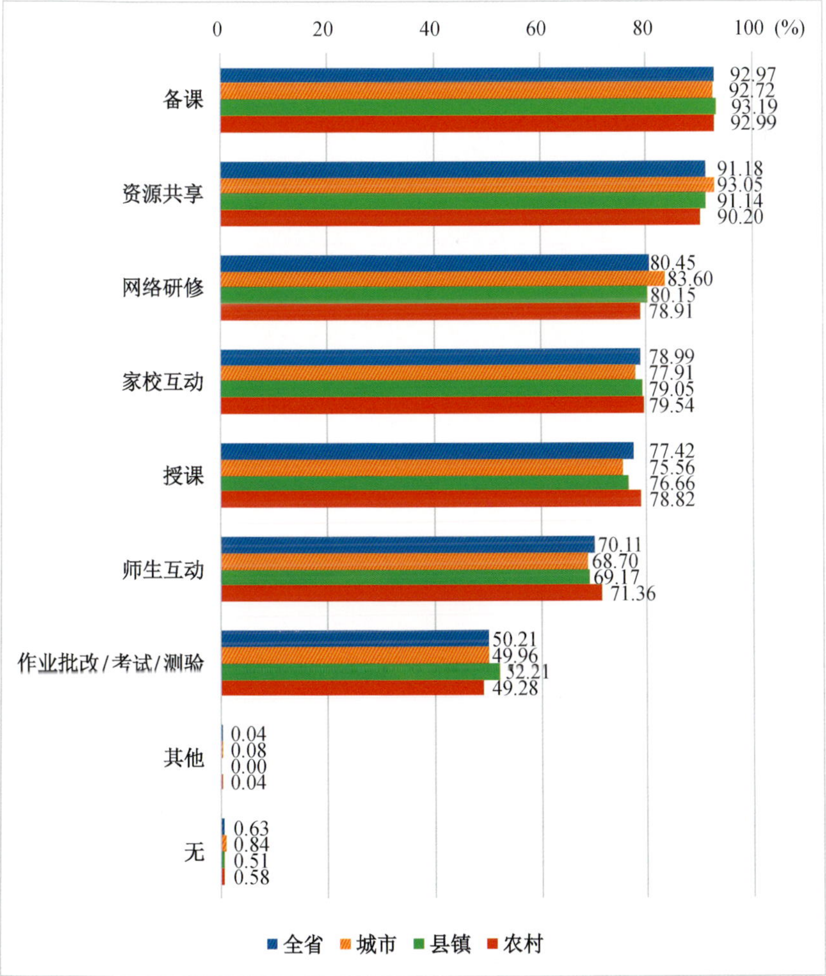

图 5－24　教师网络学习空间常用功能情况

江苏省智慧校园学生网络学习空间常用功能如图 5－25 所示。截至 2021 年底，学生使用频率较高的网络学习空间功能为拓展阅读、课前预习、师生互动和课后复习，占比都在 70％以上；其次是课堂活动和协作学习功能，占比都在 60％以上；作业/考试/测验和课外活动功能使用率相对较低，占比均仅在 50％左右。此外，仍有 2.98％的学校尚未使用学生网络学习空间的任何功能。

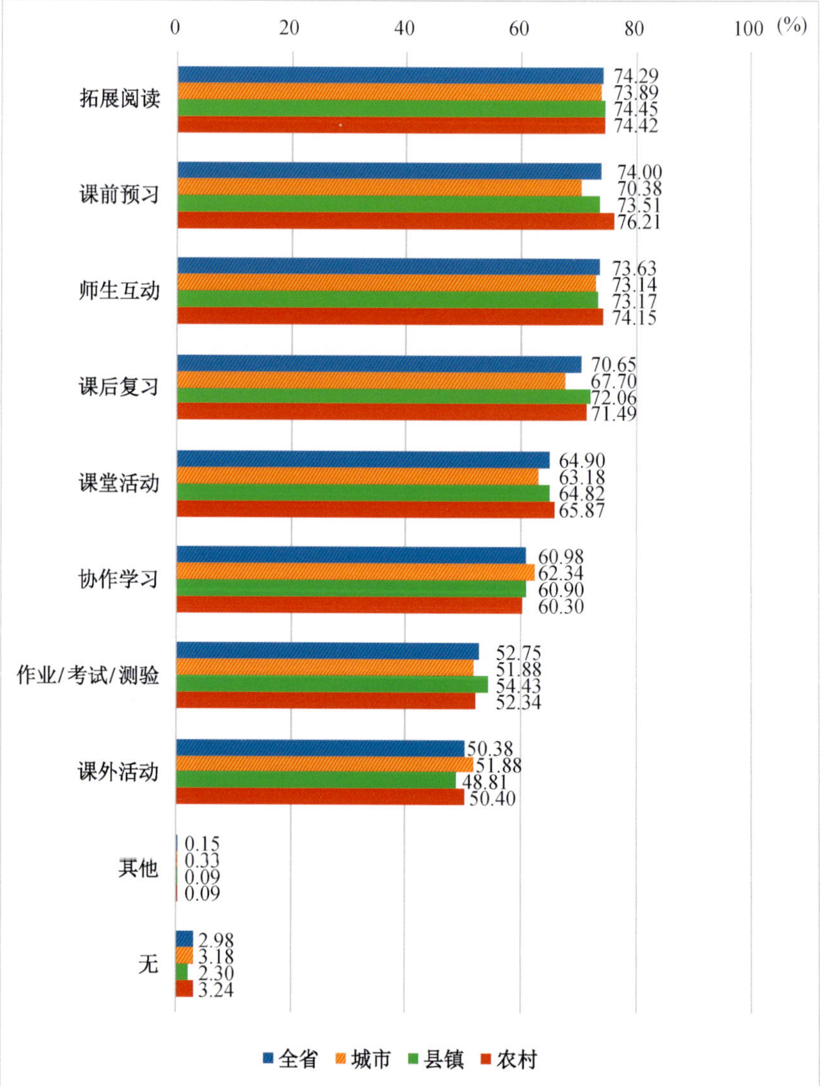

图 5－25　学生网络学习空间常用功能

江苏省智慧校园网络学习空间常用功能如图 5－26 所示。截至 2021 年底，学校使用频率较高的网络学习空间功能为资源共享，占比达 91.20％；其次是教师管理、学籍管理、教务管理功能，占比都在 75％以上；学习生涯记录功能使用率相对较低，占比仅为 48.77％。此外，仍有 3.57％的学校尚未使用网络学习空间的任何功能。

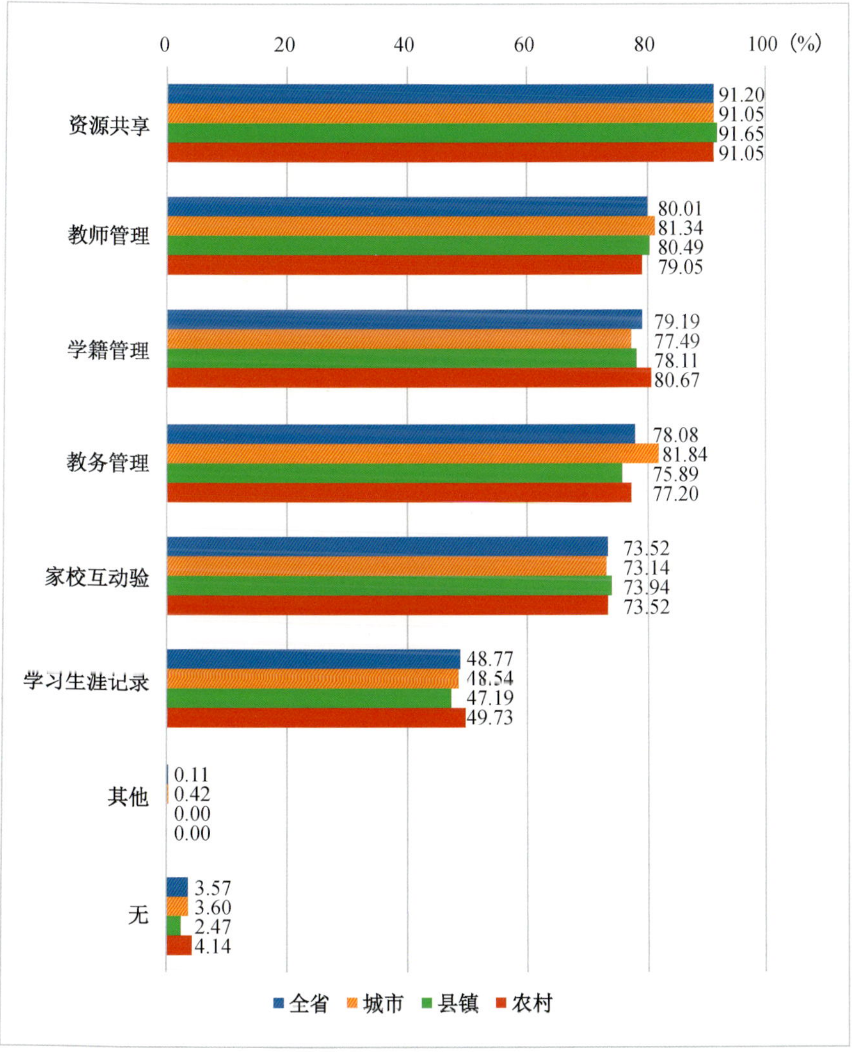

图 5－26 学校网络学习空间常用功能

5.2.2.3 资源共享

江苏省智慧校园资源共享情况如图 5－27 所示。截至 2021 年底，全省智慧校园校均分享网络课程或特色资源的数量达 238.78 节，其中城市学校分享数量相对较多，校均达 363.24 节，其次是县镇学校，校均分享 202.17 节，农村学校校均分享数量相对较少，为 191.22 节；全省智慧校园每年上传资源至县级以上教育资源服务平台的教师数量校均为 49.64 人，其中城市学校人数相对较多，为 66.72 人，其次是县镇学校，校均人数为 64.02 人，农村学校人数相对较少，校均仅为 32.88 人；全省智慧校园每年上传作品至县级以上教育资源服务平台的学生数量校均为 227.57 人，其中城市学校人数相对较多，校均达 326.02 人，其次是县镇学校，校均人数为 292.36 人，农村学校人数相对较少，校均仅为 140.47 人。

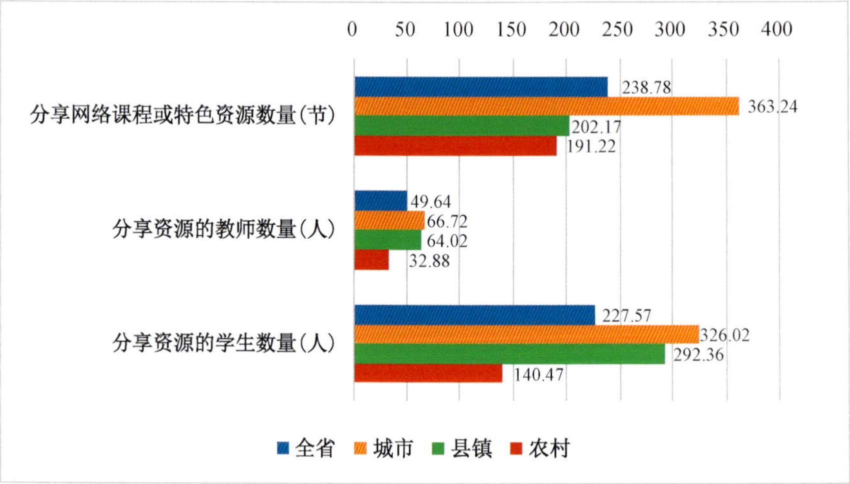

图 5－27 资源共享情况

5.2.3 应用能力

5.2.3.1 学生发展

江苏省智慧校园学生信息素养情况如图 5－28 所示。截至 2021 年底，全省智慧校园学生信息素养处于“好”水平的占比为 58.65%，这些学生具备良好的信息素养，能获取、筛选、加工信息，能利用技术进行学习、交流、创造。此外，信息素养处于“较好”水平的学生占比为 27.82%，信息素养处于“较差”或“差”水平的学生比例相对较低，占比均不足 1%。

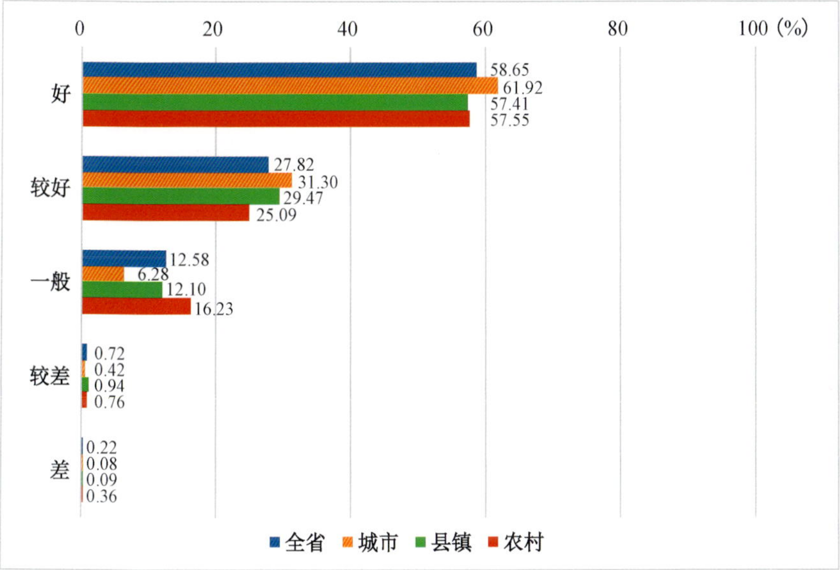

图 5－28　学生信息素养情况

江苏省智慧校园学生个人空间资源管理情况如图 5－29 所示。截至 2021 年底，全省智慧校园学生个人空间资源管理能力处于“好”水平的占比为 54.93%，这些学生能通过个人空间进行资源管理，开展自主、合作、探究学习。此外，个人空间资源管理能力处于“较好”水平的学生占比为 27.35%，处于“较差”或“差”水平的学生比例相对较低，占比分别为 1.59%和 0.33%。

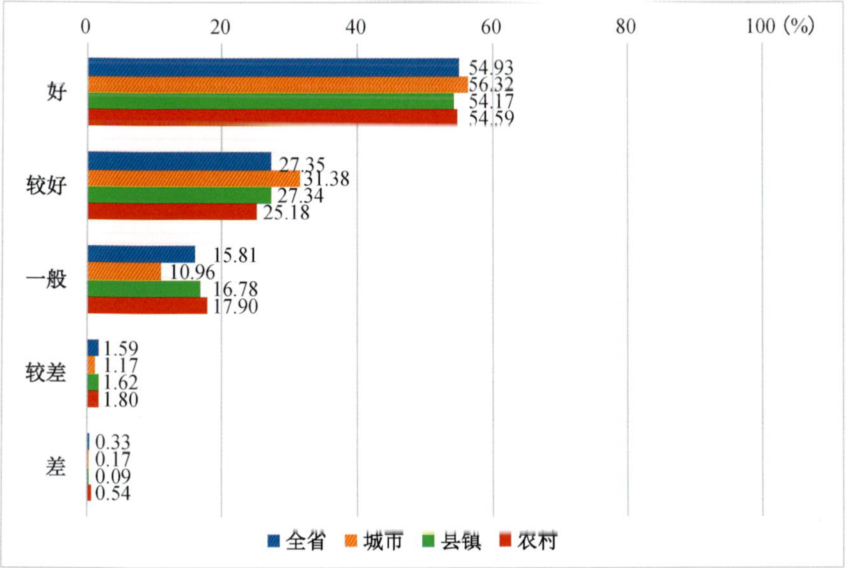

图 5－29　学生个人空间资源管理情况

江苏省智慧校园学生近三年参与教育信息化竞赛的情况如图 5－30 所示。截至 2021 年底，全省智慧校园近三年校均有 16.61 名学生参与教育信息化竞赛，其中城市学校参赛学生相对较多，校均达 23.37 人，其次是县镇学校，校均参赛 20.48 人，农村学校参赛学生相对较少，校均为 10.92 人；全省智慧校园学生近三年在教育信息化竞赛中获奖数量为校均 10.27 项，其中，城市学校获奖数量相对较多，为校均 17.58 项，其次是县镇学校，校均获奖达 11.41 项，农村学校获奖数较少，为校均 5.75 项；全省智慧校园近三年在教育信息化竞赛中获奖的学生数量校均为 14.52 人，其中城市学校获奖学生人数较多，校均达 23.30 人，其次是县镇学校，校均获奖学生为 16.64 人，农村学校获奖学生较少，为校均 8.69 人。

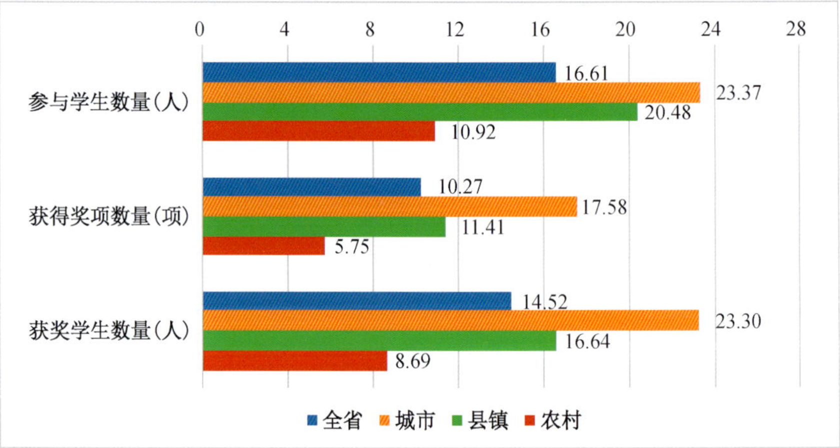

图 5－30　近三年学生参与教育信息化竞赛情况

江苏省智慧校园学生网络文明礼仪情况如图 5－31 所示。截至 2021 年底，全省智慧校园学生网络文明礼仪处于“好”水平的占比为 74.53%，这些学生能遵守网络文明礼仪，自觉尊重知识产权，不使用盗版软件，自觉抵制不良信息。此外，网络文明礼仪处于“较好”水平的学生占比为 20.88%，处于“较差”和“差”水平的学生比例相对较低，占比均不足 1%。

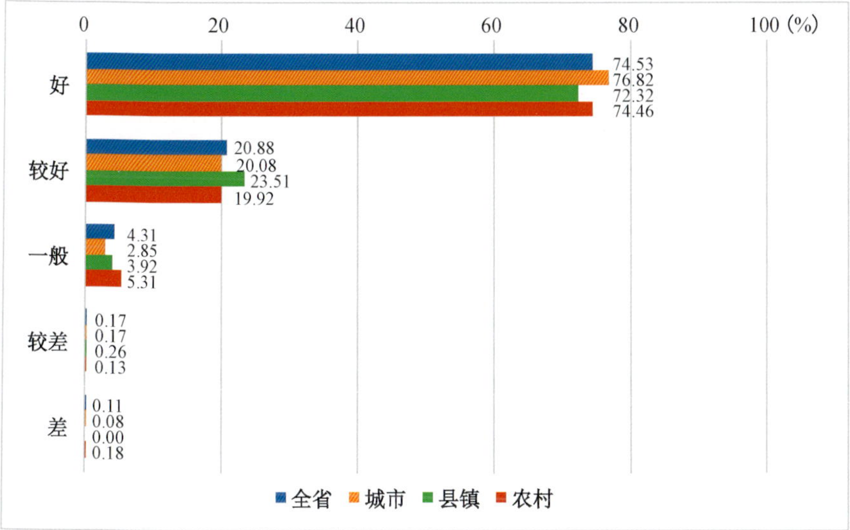

图 5－31　学生网络文明礼仪情况

为落实"双减"工作，学校在信息技术支持下的智慧作业与辅导方面的工作如图 5－32 所示。截至 2021 年底，全省智慧校园对作业时间管控较好，占比为 78.16%，其次是作业精准反馈和在线作业辅导，占比在 60%以上；而作业自动化批阅的占比较低，仅为 29.02%。

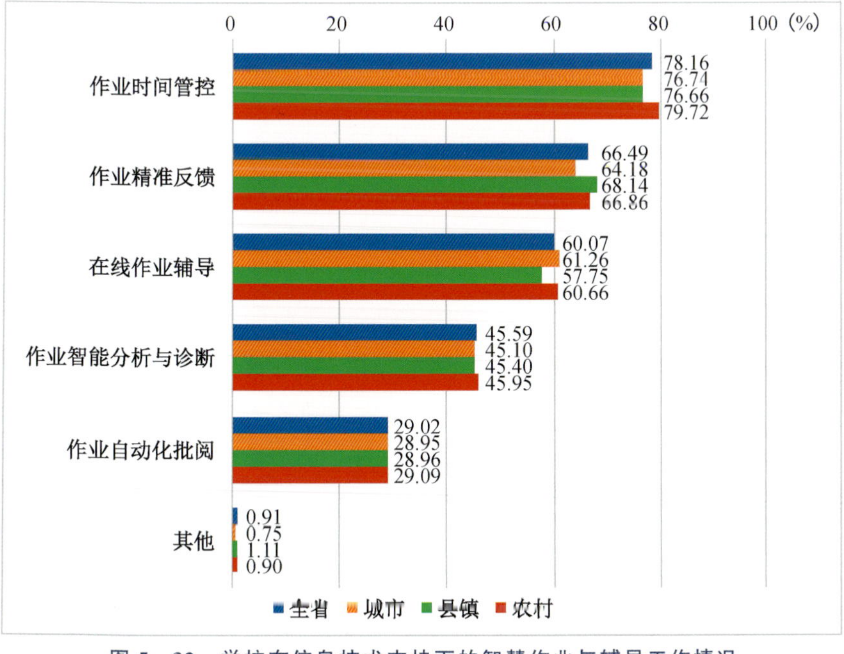

图 5－32　学校在信息技术支持下的智慧作业与辅导工作情况

江苏省智慧校园学生视力测试情况如图5-33所示。截至2021年底，全省学生近视率为37.89%，其中农村学校学生近视率较低，为32.92%，其次为县镇学校学生的近视率，占比为39.76%，而城市学生近视率较高，为45.28%。

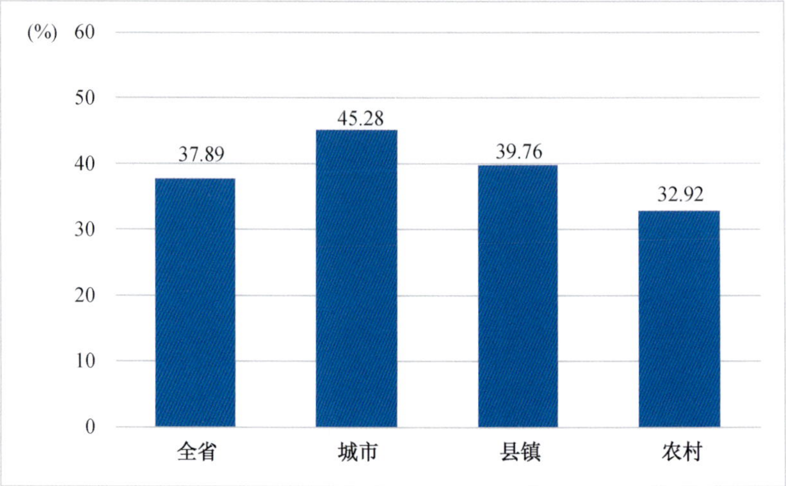

图5-33 学生近视率

5.2.3.2 教师发展

江苏省智慧校园教师培训情况如图5-34所示。截至2021年底，全省智慧校园参加中小学教师信息技术应用能力培训的教师比例达92.23%，其中城市学校教师参训比例相对较高，为93.41%，其次是县镇学校，参训教师占比达92.35%，农村学校教师参训比例相对较低，为91.52%。参加中小学教师信息技术应用能力培训合格的教师比例达94.19%，其中，城市学校的参训合格率相对较高，为95.11%，其次是县镇学校，合格率为94.01%，农村学校教师的参训合格率相对较低，为93.78%。近三年参加县级以上教育信息化相关专题培训的教师比例为83.27%，其中，城市学校的参训教师占比相对较高，为86.15%，其次是县镇学校，占比为82.24%，农村学校教师参训比例相对较低，为82.28%。

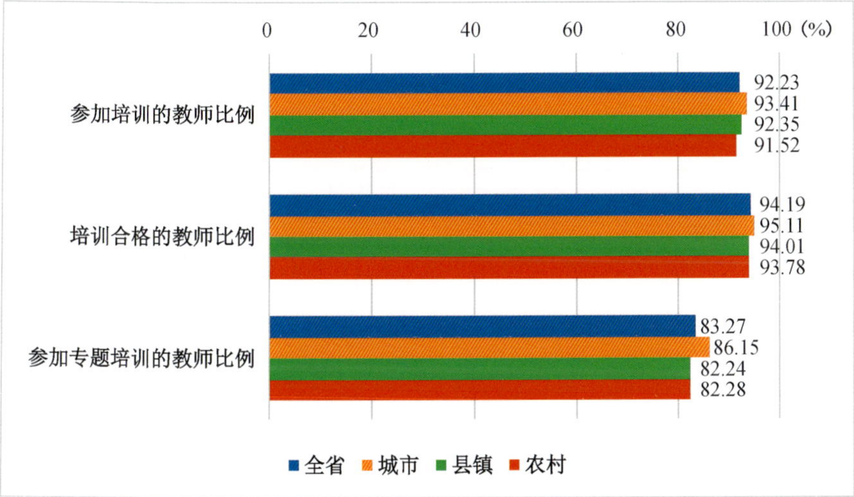

图 5－34　教师培训情况

江苏省智慧校园教师信息技术应用能力情况如图 5－35 所示。截至 2021 年底，全省智慧校园教师信息技术应用能力处于“好”水平的占比为 72.72%，这些教师能够利用信息技术进行教育教学、教研、评价和管理。此外，信息技术应用能力处于“较好”水平的教师占比为 23.25%，处于“较差”和“差”水平的教师比例相对较低，占比均不足 1%。

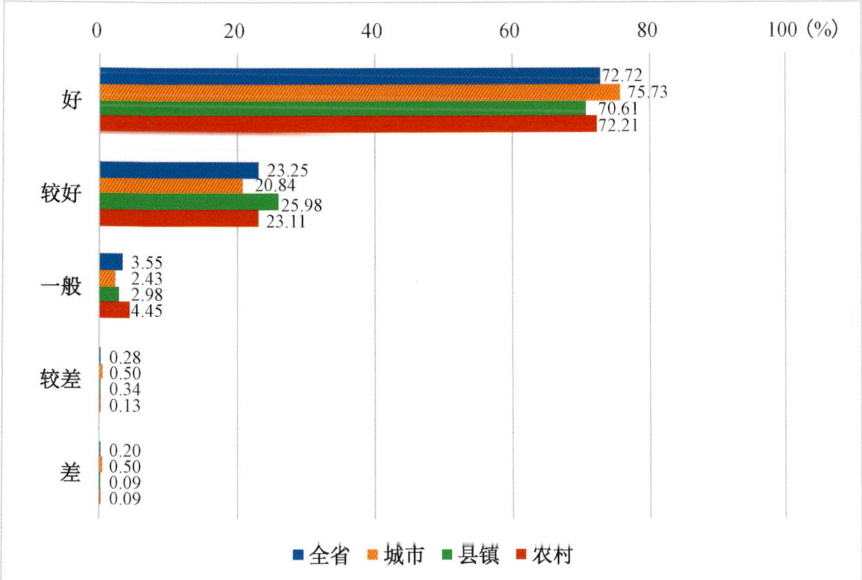

图 5－35　教师信息技术应用能力情况

江苏省智慧校园教师信息化成果情况如图 5－36 所示。截至 2021 年底,全省智慧校园教师近三年申请或参与的各类教育信息化应用研究课题数量校均为 3.37 个,其中,城市学校课题数量相对较多,校均达 4.65 个,其次是县镇学校,校均为 4.09 个,农村学校课题数量相对较少,为 2.31 个;近三年参加市级以上教育信息化类大赛的教师数量校均为 8.23 人,其中,城市学校教师参加数量较多,校均达 12.81 人,其次是县镇学校,校均参加数量达 9.88 人,农村学校参加数量相对较少,校均仅为 4.90 人;近三年学校在市级以上教育信息化类竞赛中获奖数校均为 6.61 项,其中,城市学校获奖数量相对较多,校均达 11.56 项,其次是县镇学校,校均获奖 7.49 项,农村学校校均获奖数量相对较少,仅为 3.49 项;近三年在市级以上教育信息化类竞赛中获奖的教师人数校均为 7.02 人,其中,城市学校获奖人数相对较多,校均为 11.82 人,其次是县镇学校,校均获奖人数为 8.39 人,农村学校获奖人数相对较少,校均仅为 3.71 人;近三年教师公开发表的成果校均达 11.55 个,其中,城市学校教师发表的成果数量相对较多,为 18.60 个,其次是县镇学校,校均发表成果 15.78 个,农村学校教师发表成果相对较少,校均为 5.53 个;近三年教师参加市级以上活动观摩交流次数校均为 12.53 次,其中,城市学校教师交流次数相对较多,校均达 20.59 次,其次是县镇学校,校均参加 14.09 次交流活动,农村学校参加交流活动的次数相对较少,校均仅为 7.38 次。

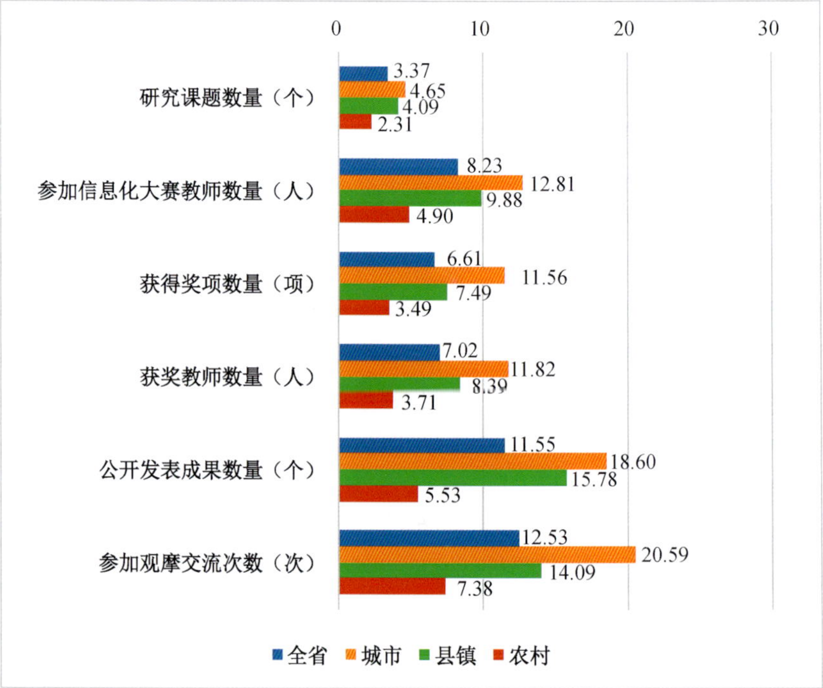

图 5－36　教师信息化成果情况

5.2.3.3 信息化领导力

江苏省智慧校园管理人员培训情况如图 5－37 所示。截至 2021 年底，全省智慧校园参加省级以上信息化领导力培训的管理人员比例为 36.07%，其中城市学校管理人员参训比例相对较高，为 41.36%，其次是县镇学校和农村学校管理人员参训比例，均在 34%左右；参加信息化领导力培训并合格的管理人员比例为 64.96%，其中，城市学校和县镇学校管理人员参训合格率相对较高，均在 65%以上，农村学校管理人员参训合格率相对较低，为 62.42%。

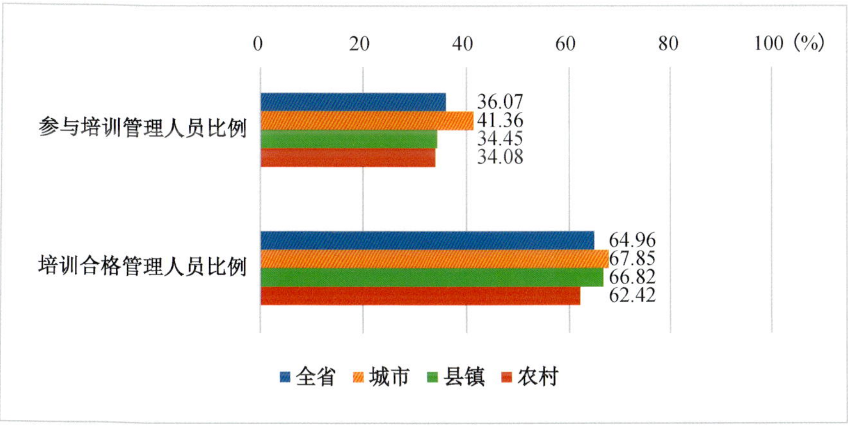

图 5－37　管理人员培训情况

江苏省智慧校园校长及管理团队能使用信息技术开展工作情况如图 5－38 所示。截至 2021 年底，智慧校园管理者能够利用信息技术开展部门/学校工作总结和教学质量分析的比例相对较高，占比均达 90%以上；其次是利用信息技术组织开展信息化教学活动和部门绩效考核的比例，均达 85%以上；管理者利用信息技术开展管理流程重组和再造的比例相对较低，占比为 60.90%。

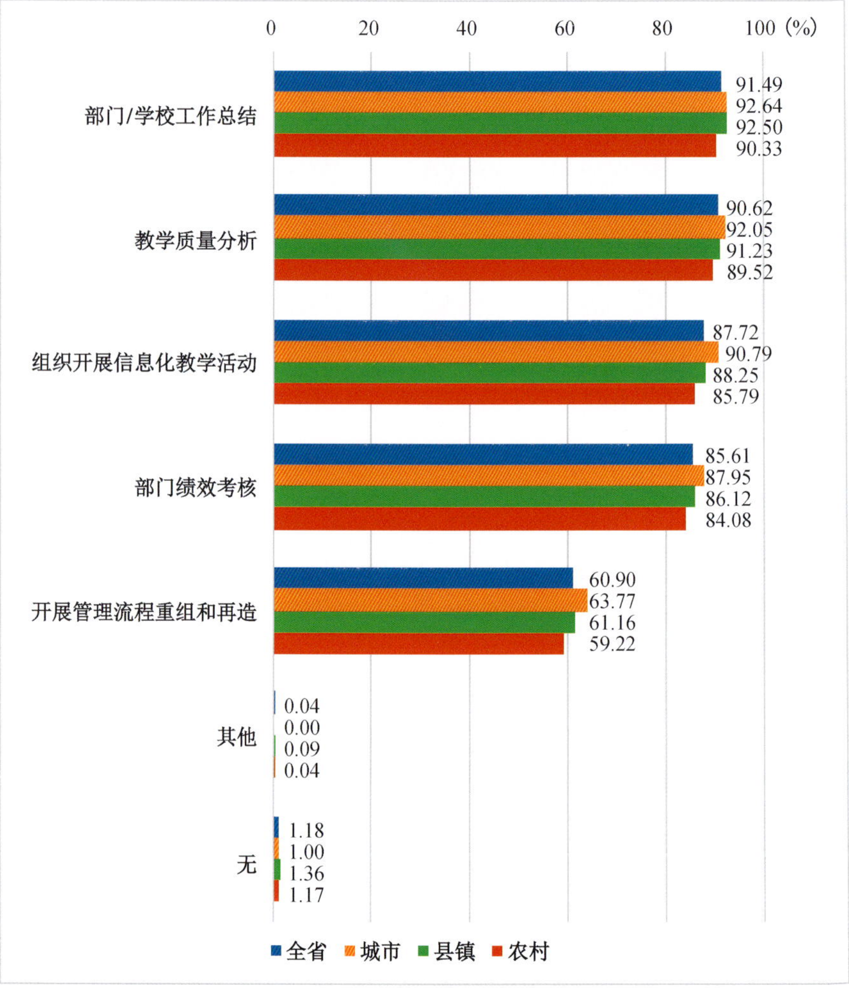

图 5－38　管理者信息化管理能力情况

5.2.4 创新融合

5.2.4.1 智慧教学

江苏省智慧校园网络备课情况如图 5－39 所示。截至 2021 年底，全省智慧校园利用信息化手段进行备课的课时数占学校开设课程总课时的 74.73%。其中，城市学校比例相对较高，为 79.35%，其次是县镇学校，占比为 74.85%，农村学校利用信息化手段进行备课的课时数占比相对较低，为 72.19%。

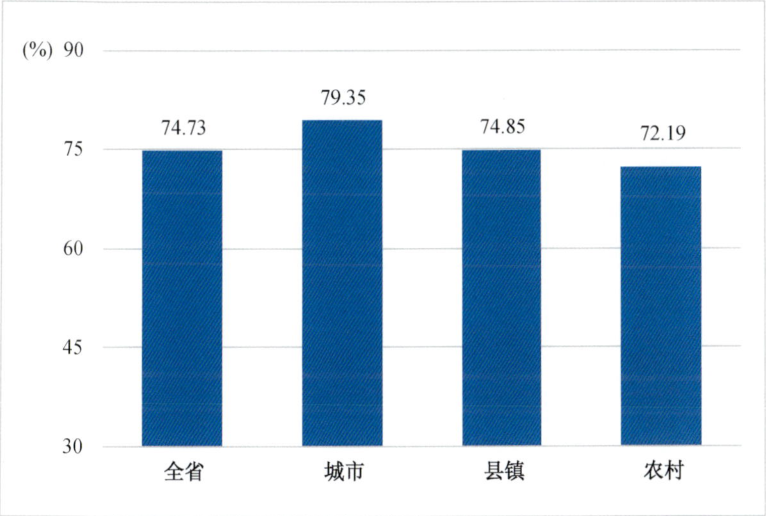

图 5－39　网络备课情况

江苏省智慧校园信息技术课程开课率如图 5－40 所示。截至 2021 年底，全省智慧校园信息技术课程开课率达 12.53%。其中，农村学校开课率相对较高，达 14.31%，其次是县镇学校，开课率为 11.07%，城市学校信息技术课程开课率相对较低，占比为 10.65%。

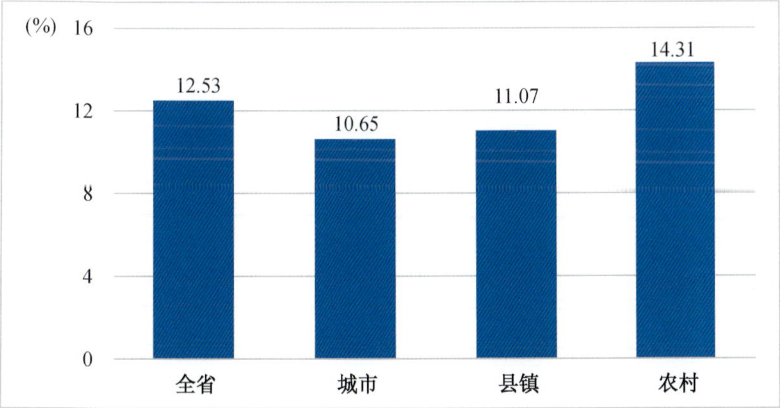

图 5－40　信息技术课程开课率

江苏省智慧校园智慧课堂学科覆盖情况如图 5－41 所示。截至 2021 年底，智慧课堂的学科覆盖率在 90%以上的占比最高，达 44.87%，其次是覆盖率为 60%～90%的比例，占比为 21.99%，智慧课堂覆盖率为 30%～60%的比例相对较低，为 14.13%。此外，仍有 5.46%的智慧校园尚未实现智慧课堂的学科覆盖。

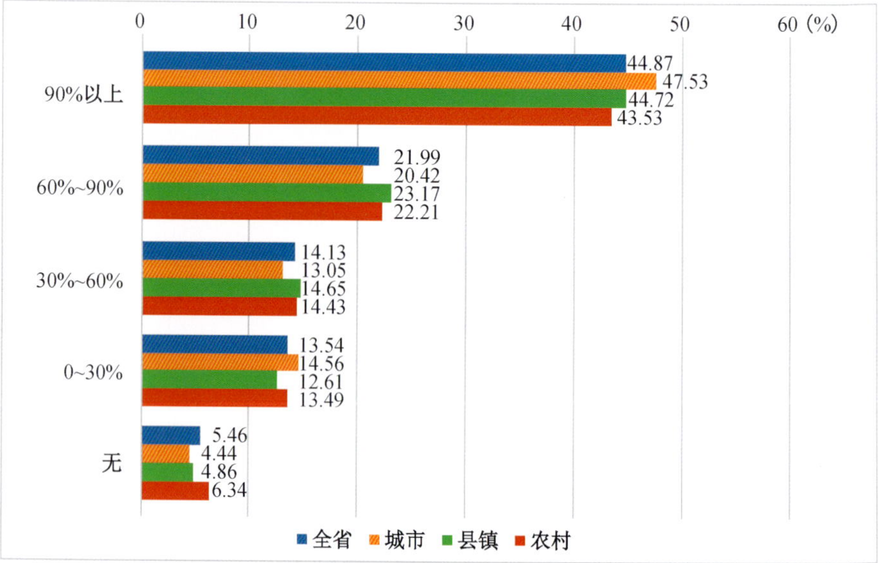

图 5－41　智慧课堂学科覆盖率

江苏省智慧校园支持智慧教学的技术情况如图 5－42 所示。截至 2021 年底，全省智慧校园在智慧教学中使用最多的技术为移动学习，占比达 77.25％，其次是大数据技术，占比为 71.65％，在智慧教学中使用虚拟现实技术的学校占比相对较低，为 22.45％。此外，仍有 9.17％的智慧校园尚未在智慧教学中应用上述新兴技术。

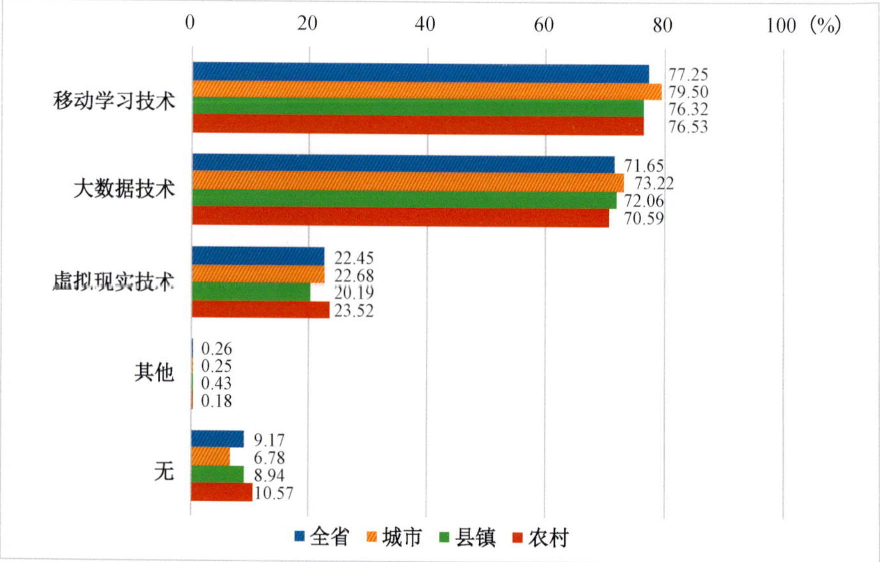

图 5－42　支持智慧教学的技术情况

江苏省智慧校园围绕技术支持下的智慧教学探索情况如图 5－43 所示。截至 2021 年底，全省智慧校园在智慧教学的探索中，智慧课堂的占比最大，为 77.07%，其次是线上线下混合式教学，为 67.78%；同步课堂（双师教学）、项目式教学、翻转课堂的占比均在 47%左右；而泛在学习的占比较低，仅为 23.67%。

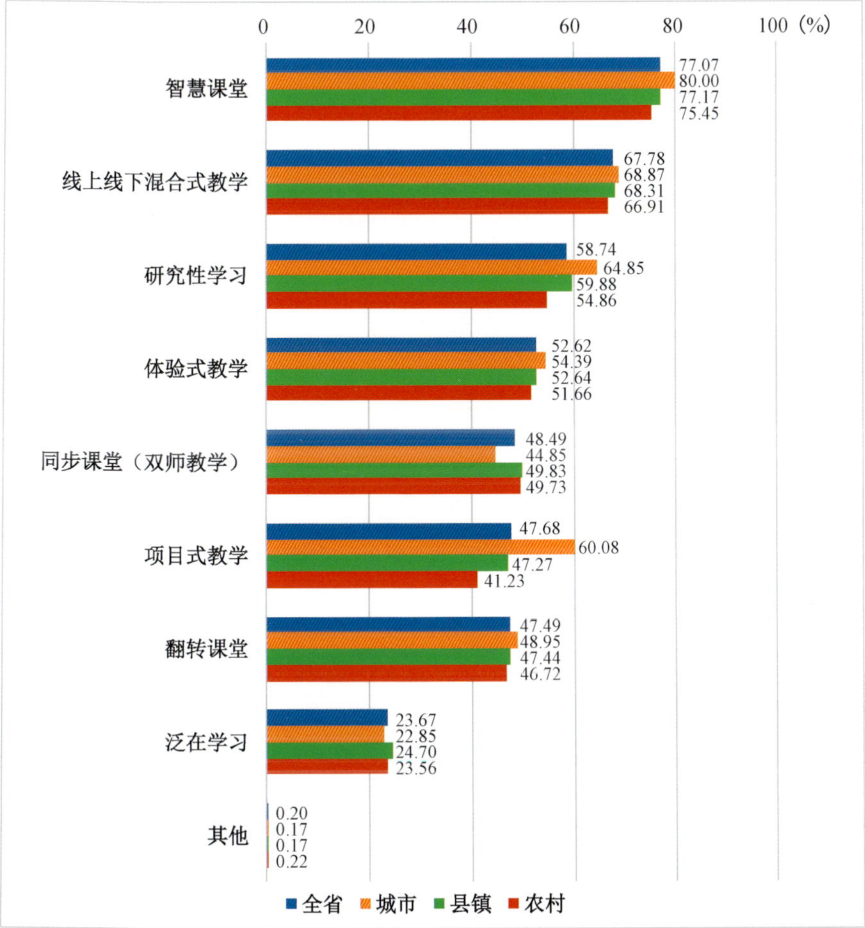

图 5－43　围绕技术支持下的智慧教学探索情况

5.2.4.2 智慧管理

江苏省智慧校园门户网站建设情况如图 5－44 所示。截至 2021 年底，全省智慧校园门户网站实现对校内外公开信息的比例最高，为 76.44%，其次是实现门户信息及时更新的比例，占比为 70.06%，学校门户网站实现为智慧校园应用提供统一接口的比例相对较低，占比为 46.64%。此外，仍有 16.55%的智慧校园尚未建设校园门户网站。

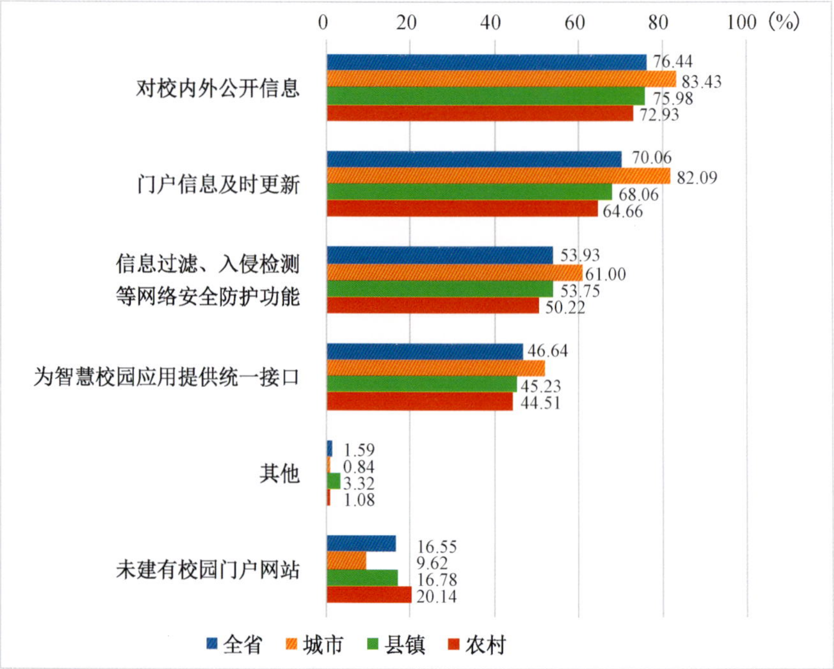

图 5 - 44　校园门户网站建设情况

江苏省智慧校园管理系统统一身份认证情况如图 5 - 45 所示。截至 2021 年底，全省智慧校园管理系统实现统一身份认证的比例为 83.69%。其中，农村学校比例相对较高，达 84.94%，其次是城市学校，占比为 83.77%，县镇学校管理系统实现统一身份认证的比例相对较低，为 81.26%。

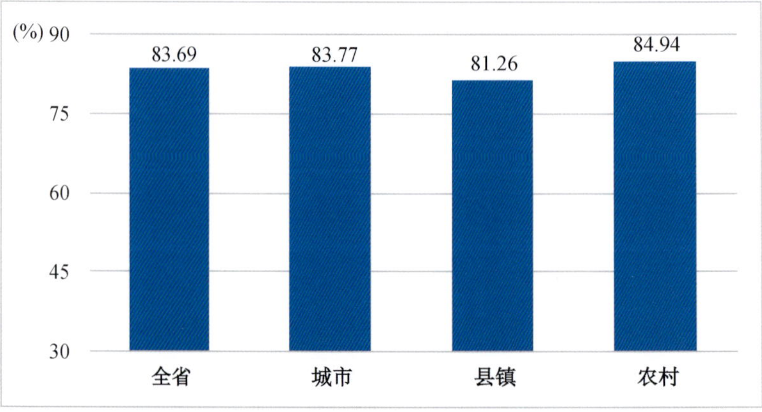

图 5 - 45　管理系统统一身份认证情况

江苏省智慧校园建有学生成长数字化档案的情况如图 5－46 所示。截至 2021 年底，全省智慧校园中完全建立学生成长数字化档案的学校占比为 19.40％，初步建立学生成长数字化档案的学校占比为 58.26％。此外仍有 22.34％的学校尚未建立学生成长数字化档案。

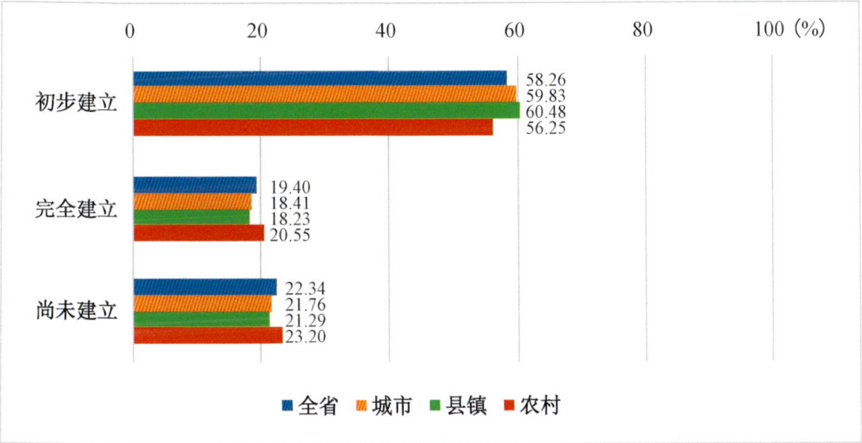

图 5－46　学生成长数字化档案建设情况

江苏省智慧校园建有教师成长数字化档案的情况如图 5－47 所示。截至 2021 年底，全省智慧校园中完全建立教师成长数字化档案的学校占比为 21.25％，初步建立教师成长数字化档案的学校占比为 60.11％。此外仍有 18.64％的学校尚未建立教师成长数字化档案。

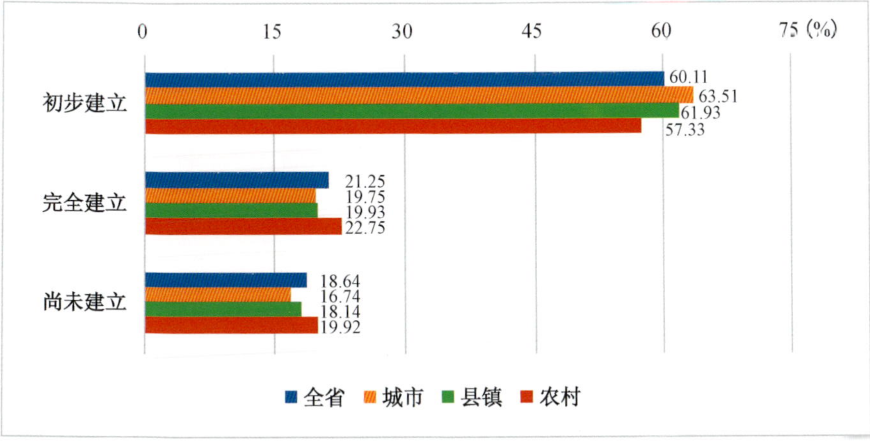

图 5－47　教师成长数字化档案建设情况

江苏省智慧校园实现信息化的主要教育教学业务情况如图5－48所示。截至2021年底，全省智慧校园实现教学研修信息化的比例相对较高，占比达90.57%，其次是校园安全与管理服务、编班排课等业务，实现信息化的比例都在85%以上，师生评价实现信息化的比例相对较低，仅为75.53%。

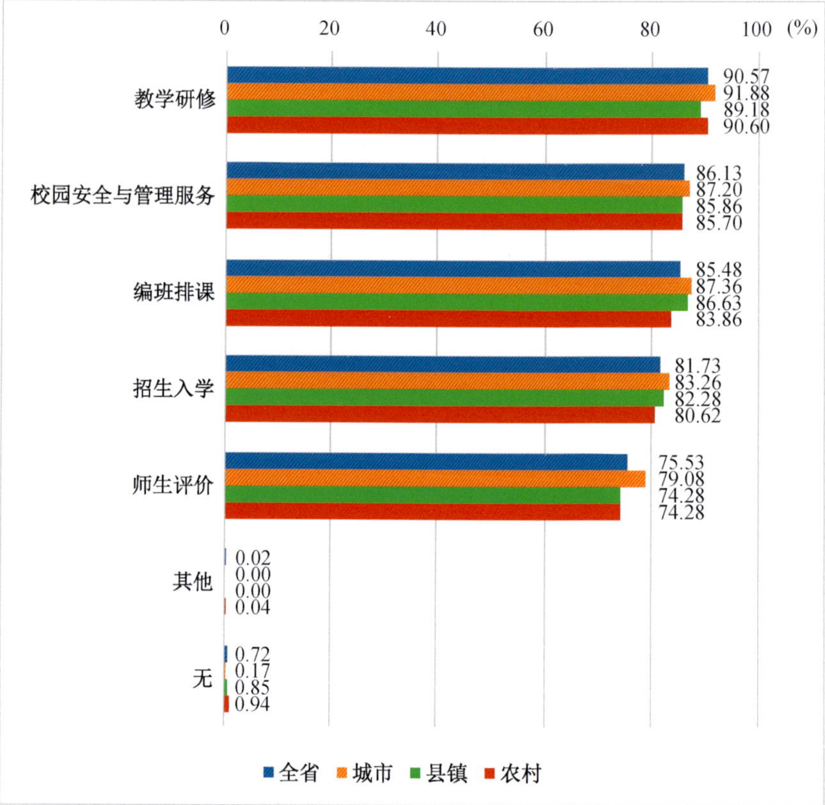

图5－48　实现信息化的主要教育教学业务情况

江苏省智慧校园智慧评价支持服务建设情况如图5－49所示。截至2021年底，全省智慧校园实现学习与教学成果全过程记录与评价和教师教学质量的精准评价的比例相对较高，占比都在75%以上；其次是实现评价指标个性化使用的比例，占比为70.69%；实现基于多维数据的学生画像和教师画像的比例相对较低，占比都在30%左右。此外，仍有8.14%的学校尚未开发任何智慧评价支持服务。

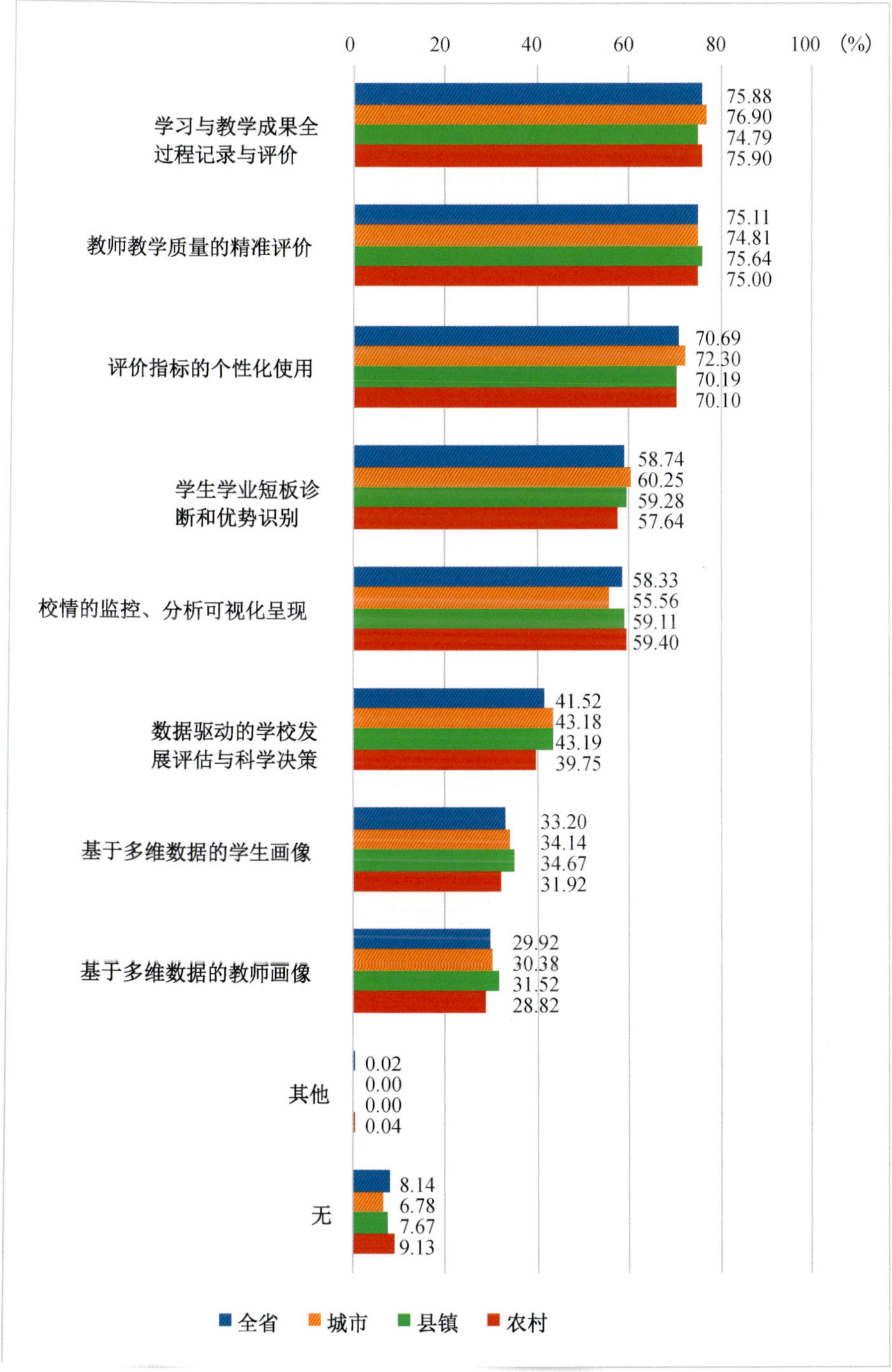

图 5－49 智慧评价支持服务情况

江苏省智慧校园各系统间的互联互通程度如图 5－50 所示。截至 2021 年底，全省智慧校园有 16.18％的校园完全实现了各系统间的互联互通，有 44.39％的校园部分实现了各系统间的互联互通，基本实现各系统间互联互通的校园占比为 34.31％，此外，仍有 5.12％的学校完全没有互联互通。

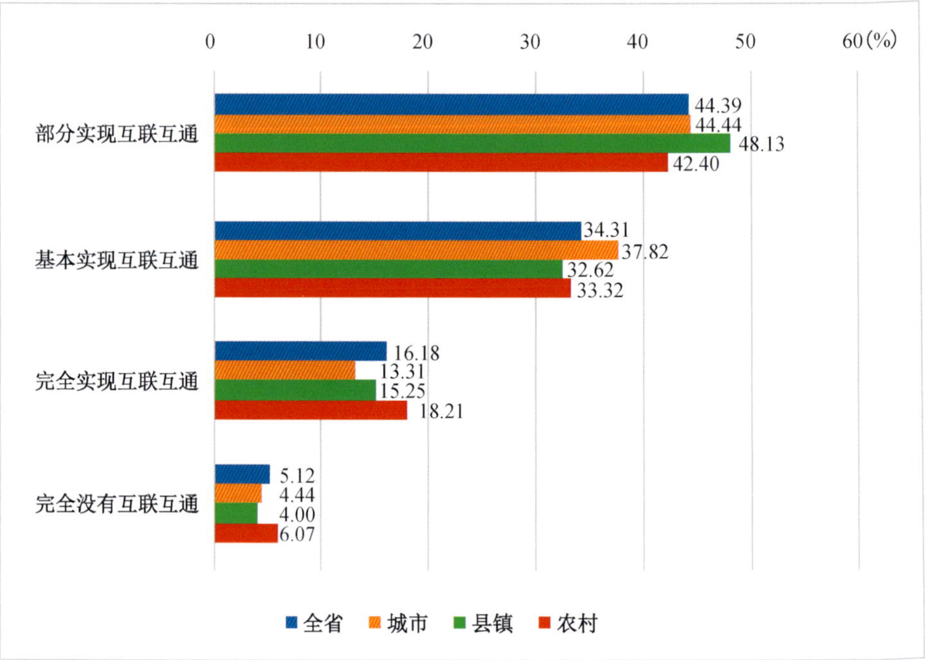

图 5－50　智慧校园各系统间的互联互通程度

5.2.4.3 智慧服务

江苏省智慧校园家校互通服务建设情况如图 5－51 所示。截至 2021 年底，全省智慧校园提供家长与教师进行互动交流服务的比例相对较高，占比为 82.93％；其次是学生课表及学校行政事务查询，占比为 61.68％；学生作业完成情况查询的比例为 58.22％；而学生考试成绩及分析结果查询、学生课堂表现查询服务的比例相对较低，均仅在 50％左右。此外，仍有 5.64％的智慧校园尚未提供任何形式的家校互通服务。

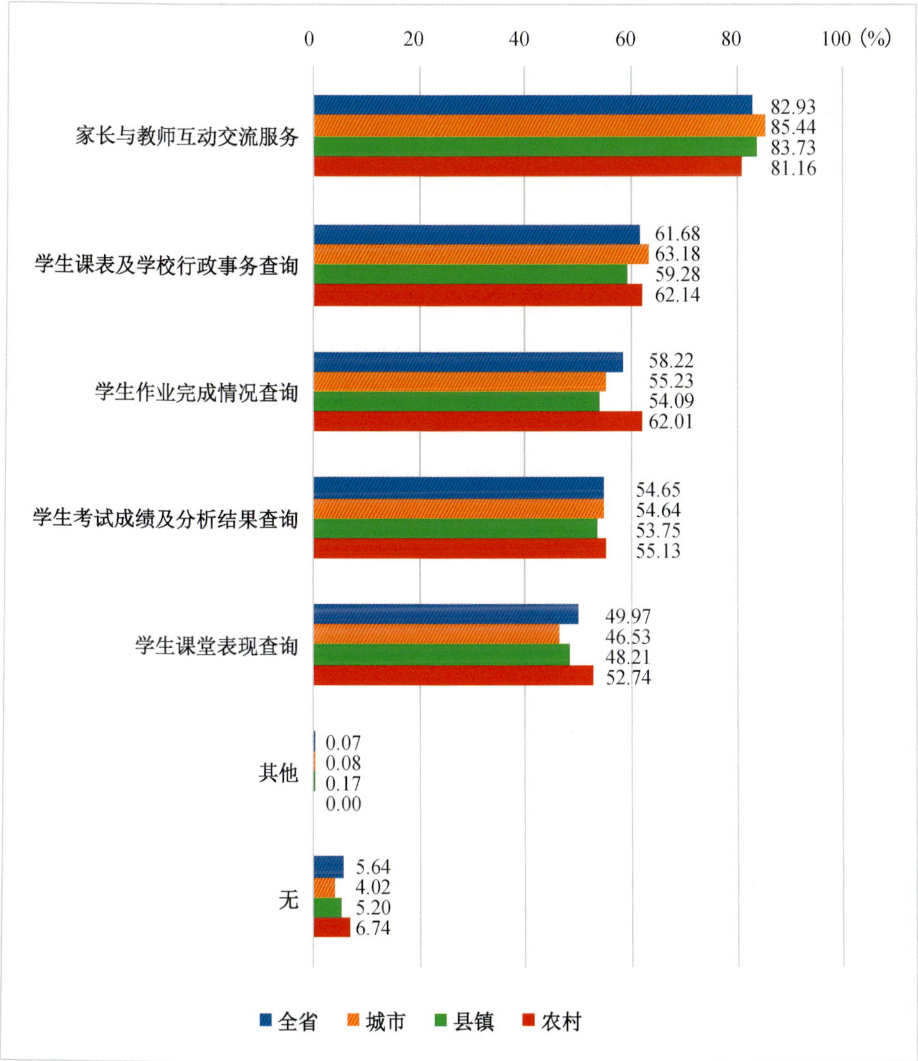

图 5－51　家校互通服务情况

江苏省智慧校园社会公益服务的建设情况如图 5－52 所示。截至 2021 年底，全省智慧校园提供家庭教育问题咨询服务的比例相对较高，占比达 84.52%，其次是提供优质教学资源对外开放服务的比例，占比为 81.10%，提供名师在线辅导服务的比例相对较低，占比为 62.83%。此外，仍有 4.55%的学校尚未提供任何形式的社会公益服务。

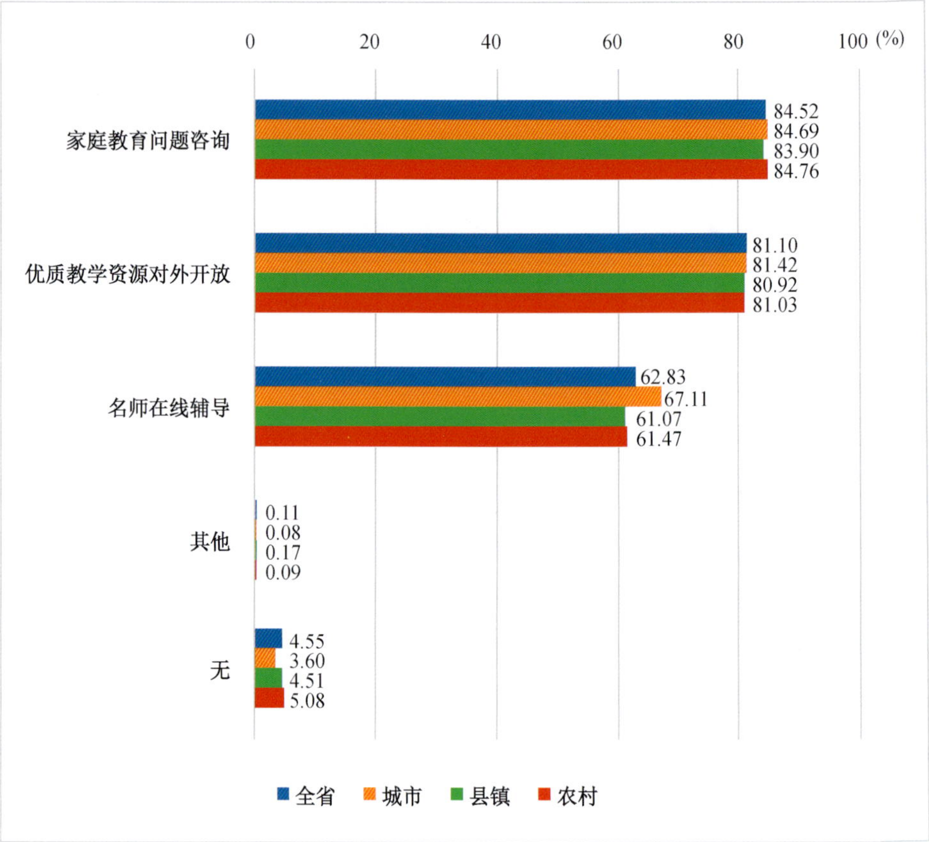

图 5－52 社会公益服务建设情况

5.2.5 支撑保障

5.2.5.1 组织领导

江苏省智慧校园组织管理情况如图 5－53 所示。截至 2021 年底，全省智慧校园成立以校长为组长的智慧校园工作领导小组的比例相对较高，达 95.89%；其次是制定智慧校园建设规划并按计划推进实施的学校比例，占比为 89.53%；设有校级首席信息官的比例相对较低，占比仅为 68.69%。

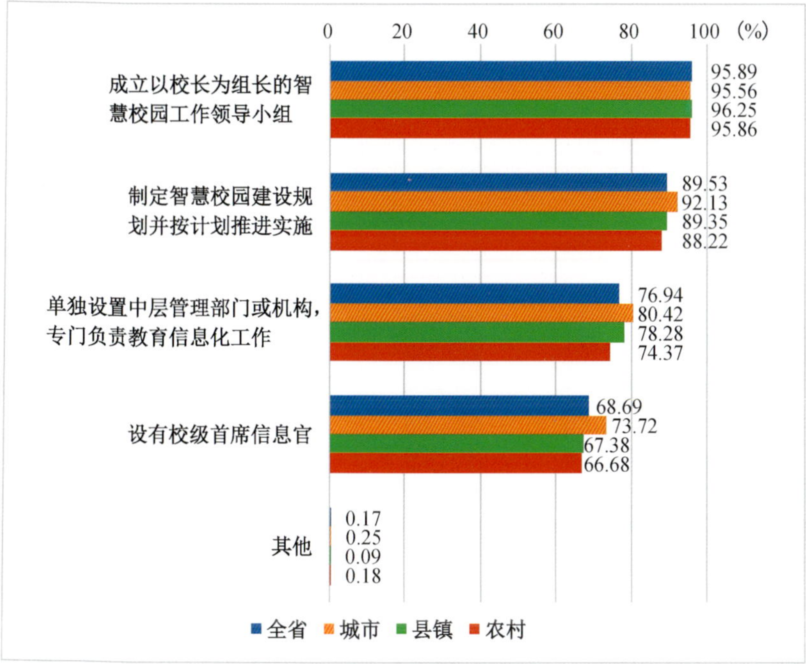

图 5－53　组织管理情况

5.2.5.2 机构人员

江苏省智慧校园信息化管理人员配备情况如图 5－54 所示。截至 2021 年底，全省智慧校园中参与教育信息化工作的管理人员校均为 4.89 人，其中城市学校配备人数相对较多，校均为 5.99 人，其次是县镇学校，校均配备 5.27 人，农村学校配备的参与教育信息化工作管理人员相对较少，校均为 4.09 人。全省智慧校园中配备持有市级以上相关证书的专职管理人员校均为 1.55 人，其中城市学校配备的专职管理人员较多，校均达 2.07 人，而县镇学校和农村学校配备的专职管理人员相对较少，校均分别为 1.94 人、1.06 人。

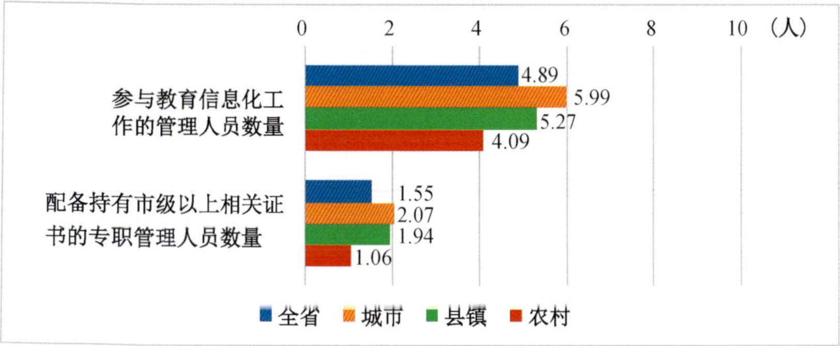

图 5－54　信息化管理人员配备情况

江苏省智慧校园信息化教研员配备情况如图5－55所示。截至2021年底，全省智慧校园配备信息化教研员的学科比例为42.64%。其中，城市学校比例相对较高，占比为47.01%；其次是县镇学校，占比为45.35%；农村学校配备信息化教研员的学科比例相对较低，占比仅为38.85%。

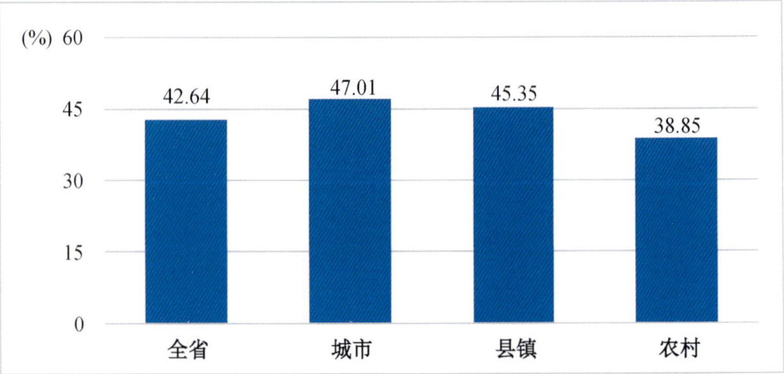

图5－55 信息化教研员配备情况

5.2.5.3 经费保障

江苏省智慧校园建设经费来源如图5－56所示。截至2021年底，全省智慧校园建设经费来源以公用经费为主，占比达88.13%；其次是专项经费，占比为63.58%；以自筹经费作为智慧校园建设经费来源的学校比例较低，占比为30.02%。

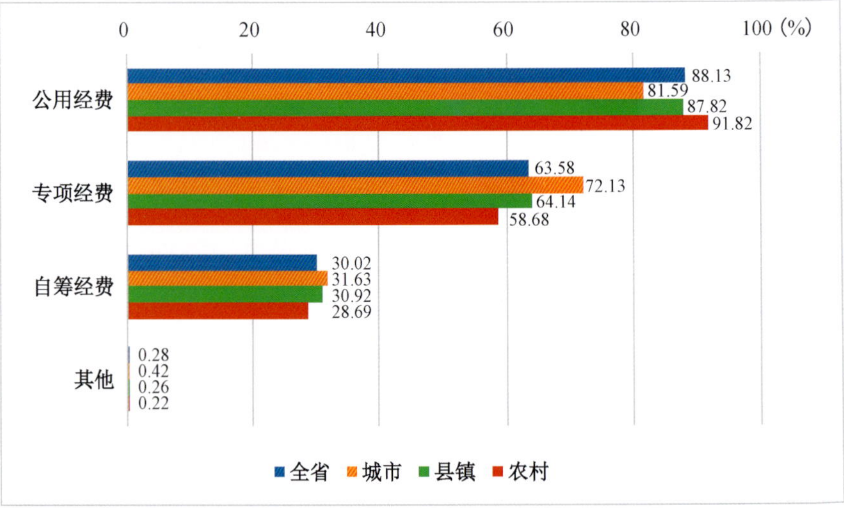

图5－56 智慧校园建设经费来源

江苏省智慧校园建设经费投入情况如图 5－57 所示。截至 2021 年底，全省智慧校园经费投入占学校教育经费投入的比例达 17.84%。其中，智慧校园建设经费主要用于硬件投入，占比达 42.30%，其次是系统软件和应用软件投入，占比为 13.43%；智慧校园建设经费用于运维投入、培训及其他经费投入的比例相对较低，占比均低于 13%。

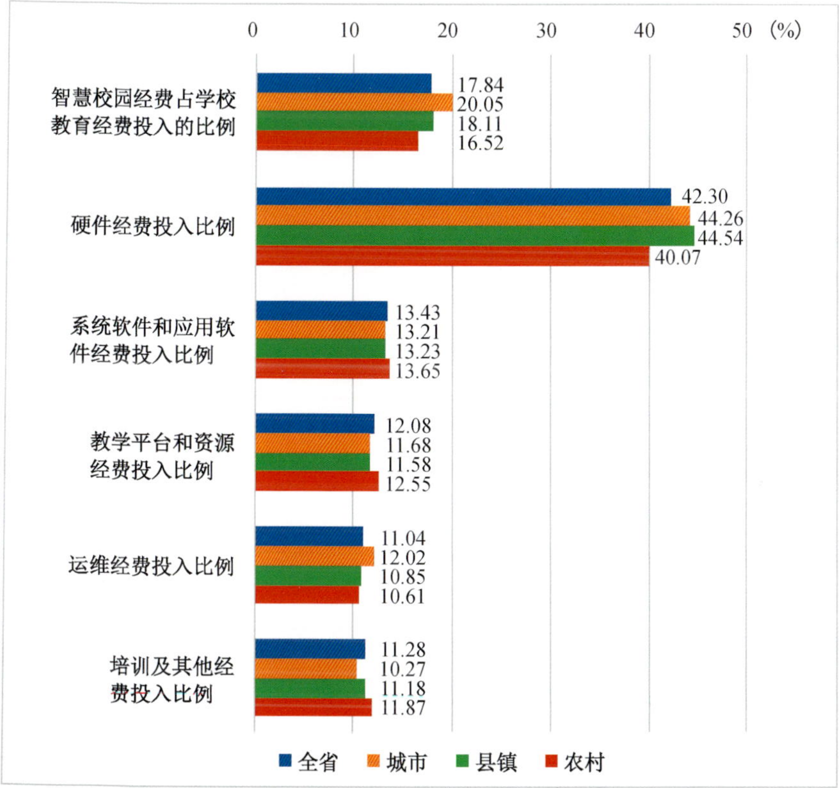

图 5－57　智慧校园建设经费投入情况

5.2.5.4 制度建设

江苏省智慧校园规章制度制定情况如图 5－58 所示。截至 2021 年底，制定了智慧校园发展规划以及智慧校园管理规章制度的学校比例较高，占比都在 90%以上；其次是制定了信息化教学激励政策的学校比例，为 78.92%；制定了多元化经费投入机制的学校比例相对较低，为 56.09%。此外，仍有 1.57%的学校尚未指定智慧校园规章制度。

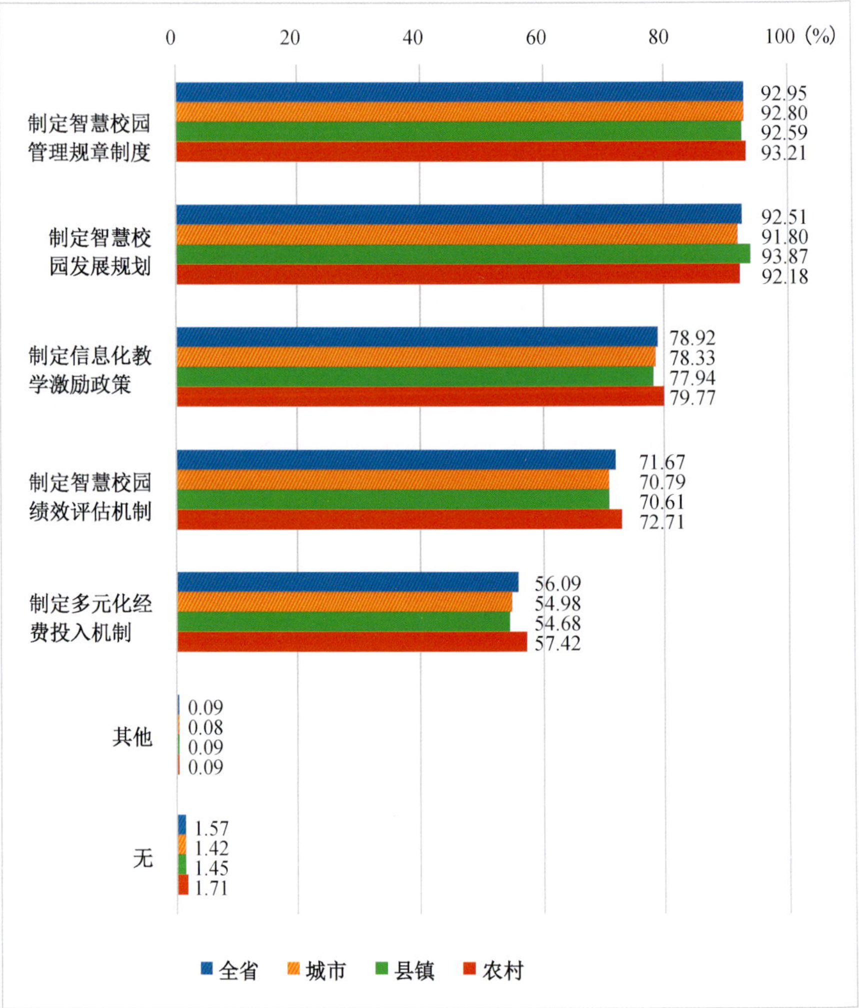

图 5－58　智慧校园规章制度制定情况

5.2.6 特色发展

5.2.6.1 服务满意度

江苏省智慧校园建设希望得到区(县)层面的支持的情况如图 5－59 所示。截至 2021 年底，江苏省智慧校园建设中希望得到专项经费保障的比例最高，为 89.01%，其次是希望得到信息化装备配备的支持，占比为 84.17%，另外希望能得到教师信息素养提升和优质学科资源供给支持的占比均在 82%左右。希望得到专家实地指导的比例相对较低，占比为 78.49%。

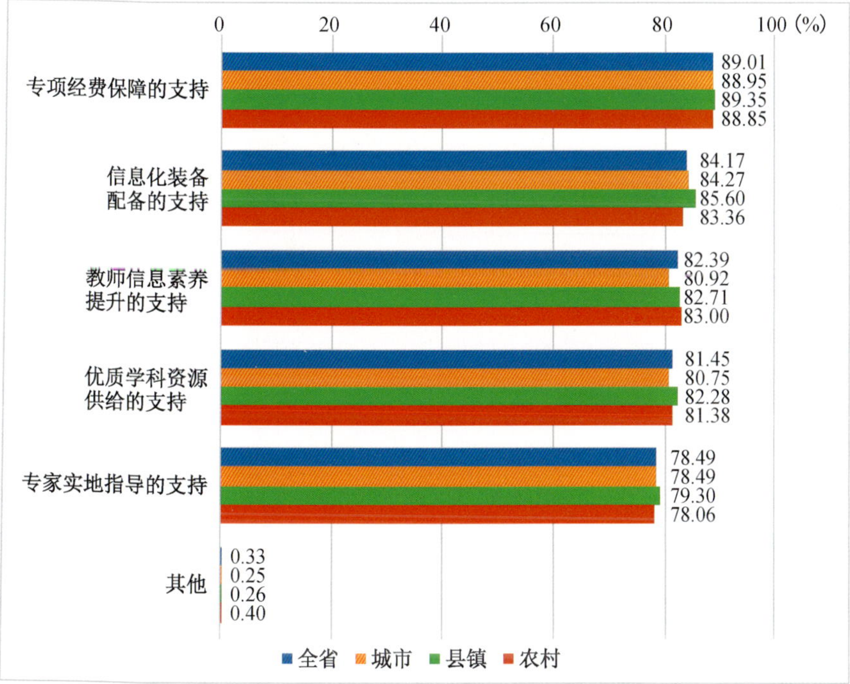

图 5-59　智慧校园建设希望得到区(县)层面的支持情况

江苏省智慧校园学校对区(县)所提供的区域教育云和教学资源平台服务的满意度情况如下图 5-60 所示。截至 2021 年底,江苏省智慧校园对区域教育云和教学资源平台服务非常满意的占比为 42.33%,比较满意的占比为 37.51%,而对区域教育云和教学资源平台服务非常不满意的学校占比为 8.82%。

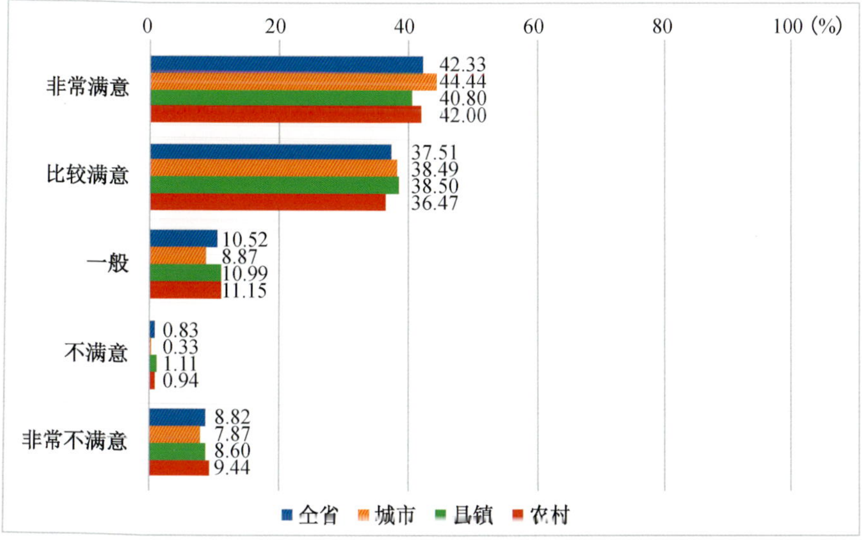

图 5-60　对区(县)所提供的区域教育云和教学资源平台服务的满意度情况

5.2.6.2 前沿探索

江苏省智慧校园教育信息化探索情况如图 5 - 61 所示。截至 2021 年底，全省智慧校园开展创新型教学活动的比例相对较高，占比为 71.85%，其次是探索新技术在教育教学中的应用的比例，占比为 63.18%，主持或参与前沿教育信息化实验项目的比例，占比为 53.52%，智慧校园中建有创新实验室或智慧学习体验中心的比例相对较低，占比为 48.57%。此外，仍有 9.56%的智慧校园尚未开展上述形式的信息化探索。

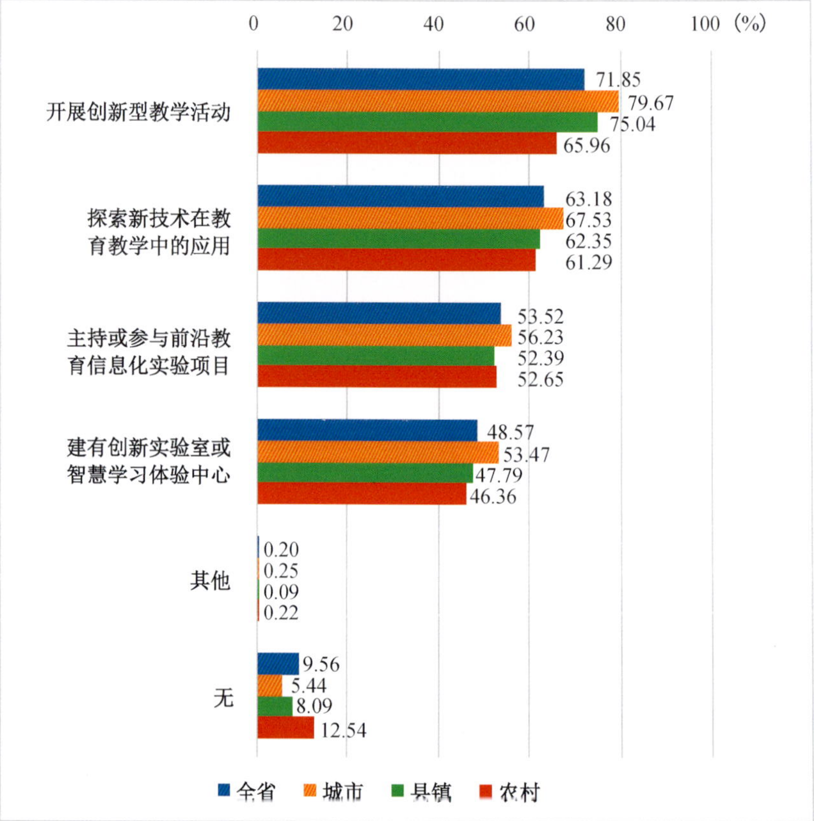

图 5 - 61 教育信息化探索与实践情况

江苏省智慧校园开设专门人工智能课程情况如图 5 - 62 所示，该课程非创客课程、STEM 课程或编程课程，而是以人工智能命名的课程。截至 2021 年底，全省尚未开设专门人工智能课程的学校占比为 40.32%，面向社团学生开设专门人工智能课程的学校占比为 51.38%，而面向全体学生开设专门人工智能课程的学校较少，占比为 12.30%。

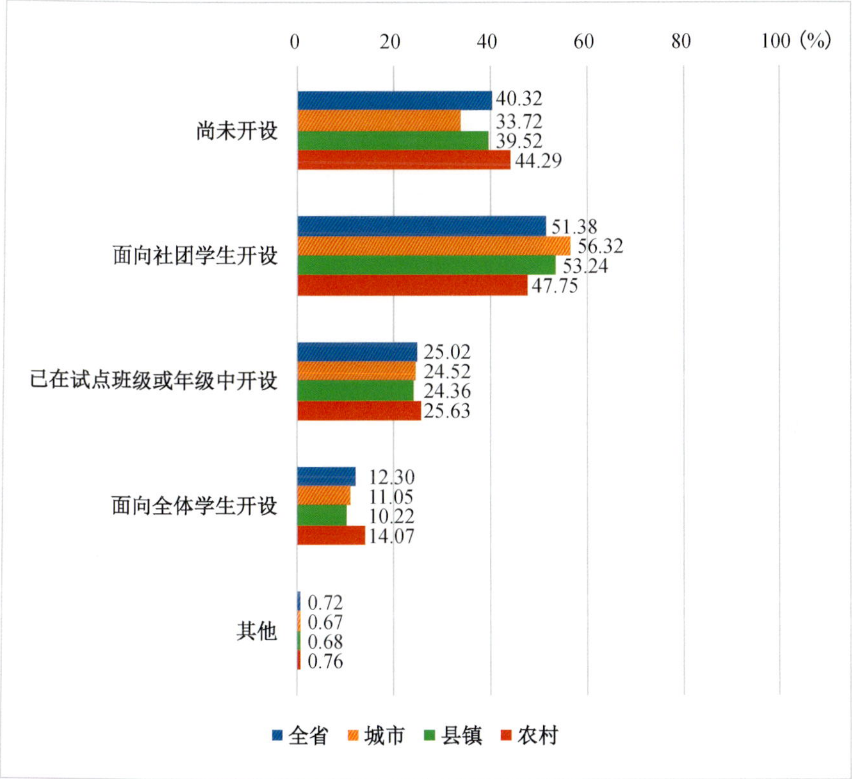

图 5－62　开设专门人工智能课程的情况

5.2.6.3 突出成果

江苏省智慧校园信息化建设突出成果情况如图 5－63 所示。截至 2021 年底，全省智慧校园中形成了基于网络学习空间的教学教研新模式、形成在一定范围内具有推广价值的智慧课堂教学范式的学校比例相对较高，达 61.85%，其次是建立可复制可推广的智慧校园建设与应用机制和形成基于网络学习空间的教学教研新模式的学校比例，占比都在 55%以上，师生完成的信息化作品获得省级以上奖励或宣传推广的学校比例，占比为 39.47%，智慧校园创新应用的特色成果获得省级以上奖励或宣传推广的学校比例相对较低，占比仅为 33.22%。

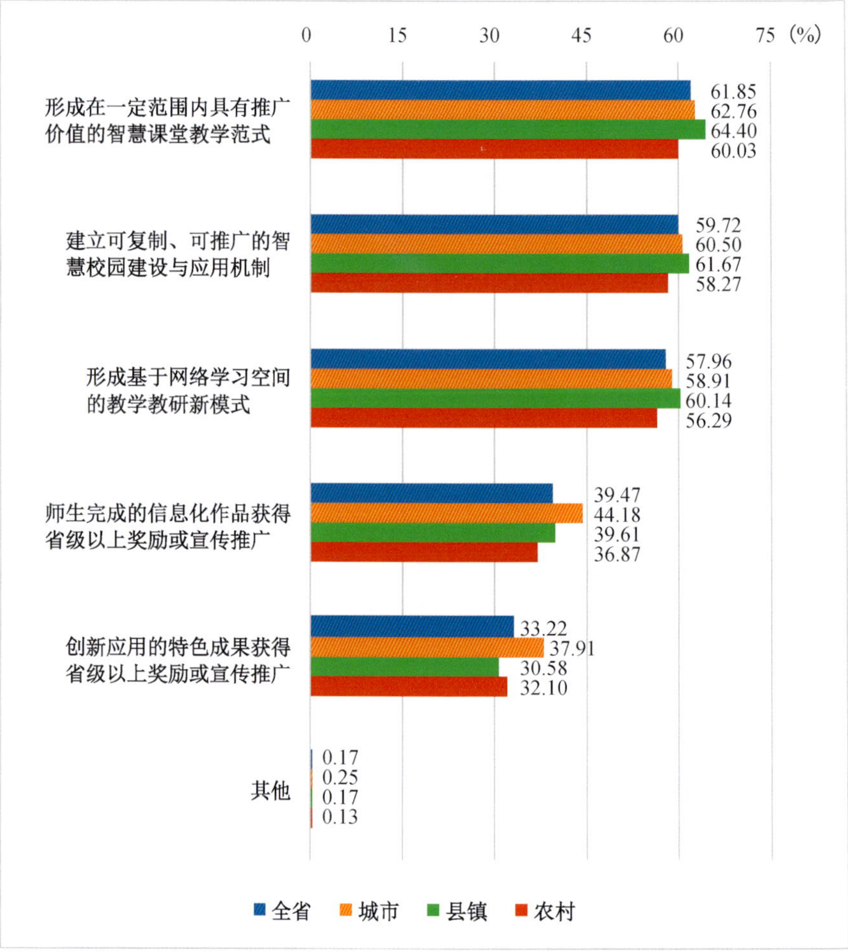

图 5－63　信息化建设突出成果情况

江苏省智慧校园“三个课堂”建设成果如图 5－64 所示。截至 2021 年底，全省智慧校园建设“三个课堂”的过程中，在名师课堂取得突出表现或成果的学校比例相对较高，占比达 64.21%；其次是在名校网络课堂取得突出表现或成果的比例，为 61.01%；在专递课堂取得突出表现或成果的学校比例相对较低，占比为 46.61%。此外，仍有 17.37% 的智慧校园尚未在“三个课堂”建设过程中取得突出表现或成果。

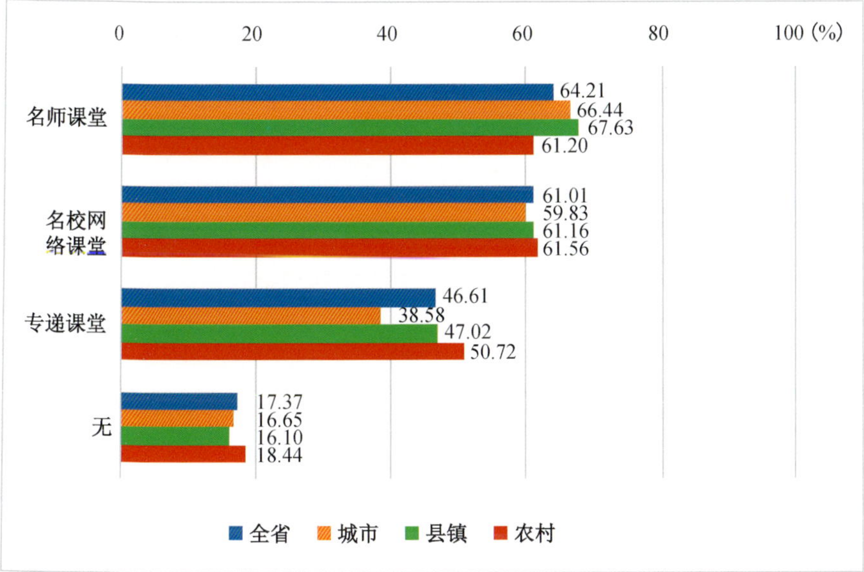

图 5－64 “三个课堂”建设成果

江苏省智慧校园结对帮扶情况如图 5－65 所示。截至 2021 年底，全省智慧校园中参与结对帮扶计划的学校占比达 76.59%。其中，县镇学校比例相对较高，占比达 78.28%，其次是农村学校，占比为 76.80%，城市学校参与结对帮扶计划的比例相对较低，占比为 74.56%。

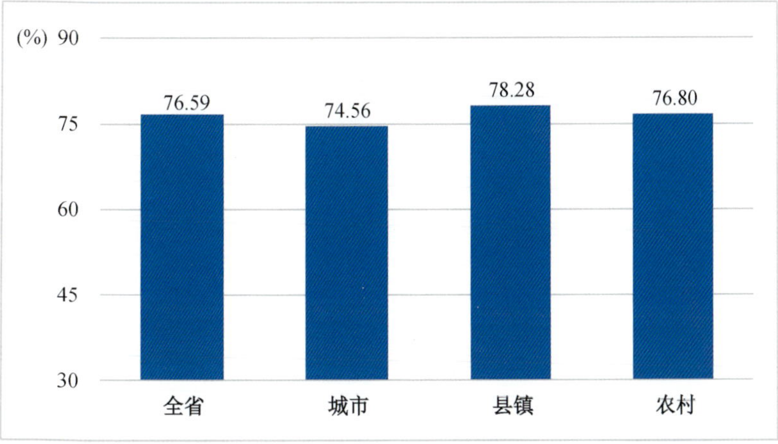

图 5－65 结对帮扶情况

江苏省智慧校园教育信息化教学应用实践共同体项目参与情况如图 5－66 所示。截至 2021 年底，全省智慧校园在教育信息化教学应用实践共同体项目中参与网络学习空间应用模式探索的比例相对较高，占比为 75.05%，其次是参与在线开放课程应用模式的学校比例，占比为 58.94%，智慧校园参与跨学科学习应用模式、智能教育应用模式探索的比例相对较低，占比均低于 50%。此外，仍有 12.52%的智慧校园尚未参与教育信息化教学应用实践共同体项目。

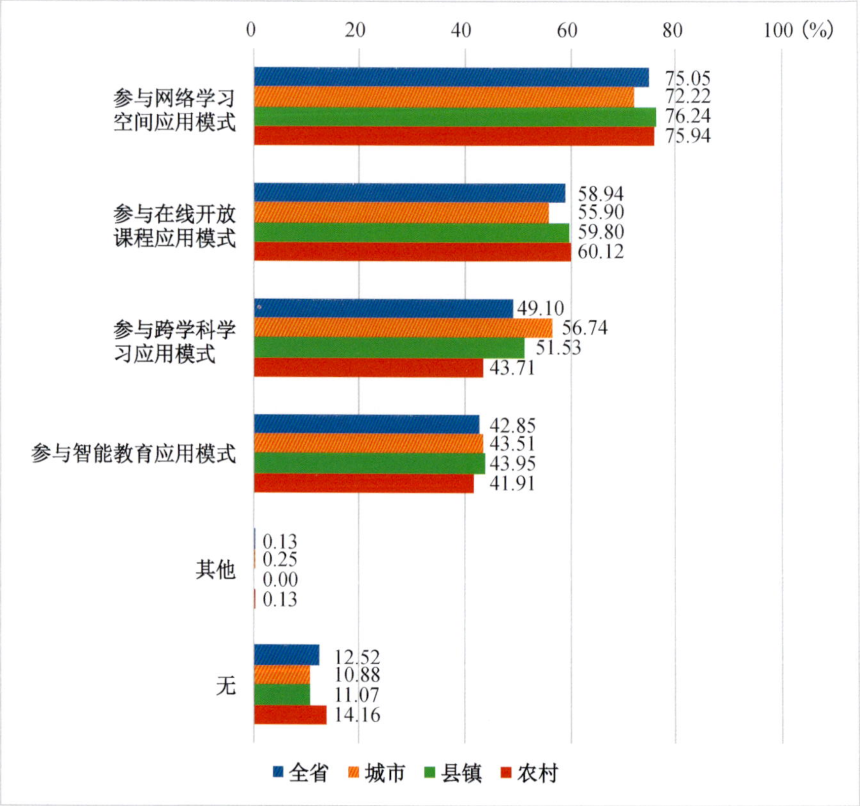

图 5－66　教育信息化教学应用实践共同体项目

6. 发展指数测算模型

6.1 指标权重计算

采用基于博弈论的组合赋权法确定各个指标的权重。首先，使用 AHP 法计算出指标的主观权重，使用 CRITIC 法计算出指标的客观权重。其次，基于博弈论计算指标的组合权重，使组合权重与主观权重、客观权重的离差极小化。

基于博弈论的组合赋权法得到的组合权重介于 AHP 法和 CRITIC 法确定的权重之间，是主观权重和客观权重的优化组合。组合赋权法通过一系列运算过程量化规定了主观权重和客观权重分别在综合评价中的比重，协调和均衡了 AHP 法和 CRITIC 法对赋权结果的作用和影响，最大限度地克服了单一权重的片面性，使得综合评价更科学合理，具有更好的解释性和说明性。

6.2 指数测算方法

教育信息化发展指数可以用来评价与比较国家或地区间的教育信息化发展水平，也能够反映一个国家或地区教育信息化的发展进程和变化情况。本报告首先对各指标数据进行标准化处理，消除各指标的量纲，然后采用线性加权模型进行指数计算。具体计算公式为：

$$EDI = \sum_{i=1}^{n} W_i \left(\sum_{j=1}^{m} W_{ij} Z_{ij} \right)$$

在公式中，EDI 教育信息化发展指数，n 为教育信息化发展指数的分类个数，m 为教育信息化发展指数第 i 类指数的指标个数，W_i 为第 i 类指数在总指数中的权重，且 $\sum_{i=1}^{n} W_i = 1$，W_{ij} 为第 j 项指标在第 i 类指数中的权重，且 $\sum_{i=1}^{n} \sum_{j=1}^{m} W_{ij} = 1$，$Z_{ij}$ 为第 i 类指数中第 j 项指标无量纲化后的值。指标无量纲化处理采取对数方式，避免省级指标数据变化过大造成各维度指数突变。

7. 分析与总结

从整体上看，江苏省基础教育信息化发展综合指数为 49.77。南京、镇江、连云港、苏州、盐城、南通、常州七个设区市的综合指数均高于全省平均水平，其中南京市的综合发展指数最高，为 53.51；无锡、徐州、泰州、扬州、淮安、宿迁六个设区市的教育信息化发展综合指数低于全省平均水平。从五大维度发展指数看，江苏省的基础设施和教学应用发展水平较好，其次是教育资源和保障机制，但管理信息化发展相对较低，影响了基础教育信息化发展综合指数水平。

在基础设施方面，江苏省基础设施建设较为完善，全省拥有多媒体教室的学校比例为 92%，且除无锡、扬州、泰州、宿迁市外，其他设区市建有无线网络学校的比例均高于 85%，为教育信息化相关工作的开展提供了良好的保障。但是，在学生终端配备数量、智能学习空间多样化方面仍需要进一步提升。

在教育资源方面，江苏省数字化教育资源在教学应用中的水平有所提升。全省接入地市及以上级别教育资源公共服务平台的学校比例已达 98%，全省主科均拥有与教材完整配套数字教学资源的学校比例已达 94%，全省开通教师网络学习空间的教师比例高达 96%，开通学生网络学习空间的学生比例为 94%，开通学校网络学习空间的学校比例为 87%，为师生网络学习提供了良好的环境和途径。但是，在开设人工智能课程方面仍需加强。

在教育应用方面，江苏省实现学校网络空间常态化应用的学校比例达 91%，应用空间开展教学的教师占教师总数的比例达 89%，应用空间开展网络教研的教师占教师总数的比例达 91%，使用数字教育资源的班级教室数占总教室数的比例达 96%。但在多媒体教室、空中课堂的应用上有待提升，教师通过区域及以上教育资源平台获取数字教育资源的能力有待进一步加强，且应持续加强“三个课堂”中的“名师课堂”的开展。

在教育管理信息化方面，江苏省建有管理信息系统的学校比例达98%以上，开展管理信息系统实现统一身份认证的学校比例高达88%。安全监控系统全覆盖（校门、教学楼、办公区）的学校比例已达64%。但是，校园卡实现一卡通的学校比例仅为39%。由此，在校园一卡通建设、信息化管理系统升级等方面学校应给予关注，同时需要加快推进不同系统的统一身份认证，扩大管理信息数据应用范畴，实现安全监控系统全覆盖，不断提高学校信息化管理水平，确保信息化工作可持续发展。

在教育信息化保障措施方面，江苏省中小学都较为重视校级信息化主管领导（CIO）职位的设立，并采取相应机制促进教师信息技术在教育教学中的应用。全省以机制促进教师信息技术在教育教学的学校比例达80%，副校级及以上领导主管信息化的学校比例达88%，最近一年参与教育信息化专项培训（区县级及以上）的教师比例达到72%，较去年有明显提高。但全省学校信息化经费占同期教育总经费（不含人员经费）支出比例平均仅为18%，可见，中小学基础教育信息化经费投入尚且不足，无法有效保障学校信息化相关工作顺利运转。此外，教师“三个课堂”教学和教研任务纳入工作量计算的学校比例仅为33%。可见，江苏不仅需要优化经费分配结构、落实教育信息化经费投入保障机制，还应关注于提高教师信息化应用能力，不断加强学校信息化队伍建设，培养创新型人才。

江苏省教育信息化工作要贯彻落实习近平总书记关于教育的重要论述和全国教育大会精神，以信息化为重点，以提升质量为目标，推进教育新型基础设施建设，构建高质量教育支撑体系，统筹规划课程建设，引领带动课程体系改革，构建新发展格局，持续推进现代信息技术与教育教学深度融合。

后记 / POSTSCRIPT

为做好报告的编写工作，根据《教育部科技司关于开展 2021 年全国教育信息化发展状况调研工作的函》(教科技司〔2021〕235 号)文件要求，江苏省印发了《省教育厅办公室关于做好 2021 年全省教育信息化发展状况调研工作的通知》(苏教办信函〔2021〕8 号)，对全省各市、县(市、区)的教育信息化情况进行了调查，共收到全省 5157 份中小学校教育信息化有效调研问卷，为报告编制积累了重要的数据材料。

本报告由江苏省电化教育馆、江苏省教育信息化中心组织编写，编制工作得到了省教育厅和相关处室领导的关心和指导。省电化教育馆、省教育信息化中心和华中师范大学相关领导高度重视，多次召开报告编制研讨会议，研究确定了报告的框架、编写体例、编写原则等。华中师范大学作为本报告的合作单位，共同参与了报告框架、编写体例、数据分析、研究总结的全过程，并承担了报告初稿的主要编写工作。陈敏、徐建在编写过程中承担了组织联络工作，陈敏、李亚婷、王翔宇、胡维、杨雪清全程参与了报告的编写与印制等工作。江苏省电化教育馆、教育信息化中心陈莉、张骅、周书贤、肖浩、胡影等同志参与了报告数据审核和文字校对等工作。各市电教馆(教育信息化中心)积极配合工作，提供了主要的调研材料。

本报告是自 2016 年后印发的第六份江苏省基础教育信息化发展报告，通过对调研问卷、教育信息化进展系统、教育信息化工作月报等提供的数据进行分析整理而形成。报告努力本着实事求是的原则，尽可能全面客观地反映全省以及各地教育信息化现状，目的是发现问题、解决问题，进一步推进江苏省基础教育信息化发展工作。由于编者水平有限，报告中若存在不足或不当之处，恳请各位专家和读者批评指正。